Kohlhammer

## Die Autorin

**Dr. Anne Häußler** ist Diplom-Pädagogin und Diplom-Psychologin (USA), akkreditiert als TEACCH® Certified Advanced Consultant. Ausgebildet im TEACCH® Autism Programm der Universität von North Carolina verfügt sie über 30 Jahre Erfahrung mit Autismus und dem TEACCH-Ansatz. Nach dem Pädagogikstudium (Schwerpunkt Heil- und Sonderpädagogik) absolvierte sie eine Ausbildung in einem TEACCH-Zentrum (USA) mit anschließendem Studium der Psychologie mit Promotion an der Universität von North Carolina.

Die praktische Tätigkeit von Anne Häußler umfasst Beratung in Einrichtungen der Behindertenhilfe für alle Altersgruppen sowie einzelfallbezogene Hilfen und Begleitung von Familien und Fachpersonal. Als Mitbegründerin von Team Autismus GbR übernahm sie den Aufbau und die Leitung einer nach dem TEACCH-Ansatz arbeitenden Therapie- und Beratungsstelle in Mainz; seit 2013 konzeptionelle Verantwortung in der Gesamtleitung von Team Autismus.

Seit 1995 ist die Autorin in der Fort- und Weiterbildung aktiv, arbeitet international als Referentin zu den Themen »Autismus« und »TEACCH®«, hat viele Fachartikel und Bücher veröffentlicht und wesentlich dazu beigetragen, den TEACCH® Ansatz in Deutschland bekannter zu machen.

Anne Häußler

# Sehen und Verstehen

Visuelle Strategien in der Förderung von
Menschen mit Autismus-Spektrum-Störung

Verlag W. Kohlhammer

1. Auflage 2018

Alle Rechte vorbehalten
© W. Kohlhammer GmbH, Stuttgart
Gesamtherstellung: W. Kohlhammer GmbH, Stuttgart

Print:
ISBN 978-3-17-030631-8

E-Book-Formate:
pdf:   ISBN 978-3-17-030632-5
epub: ISBN 978-3-17-030633-2
mobi: ISBN 978-3-17-030634-9

# Vorwort zur Reihe »Autismus Konkret«

Das afrikanische Sprichwort »It takes a village to raise a child«/ Deutsch: »Es braucht ein Dorf, um ein Kind zu erziehen« gilt sicherlich auch für Kinder und Jugendliche mit einer Autismus-Spektrum-Störung (ASS). Und vielleicht braucht es sogar mehr als ein Dorf: nämlich das Wissen von Spezialisten in verschiedenen Ländern, die sich Autismus-Spektrum-Störungen auf ihre Fahnen geschrieben haben. Ziel unserer Reihe »Autismus Konkret« ist es daher, das Wissen internationaler Experten zu relevanten Themen zu bündeln und Eltern, Therapeuten, Lehrern und anderen Fachkräften dieses Wissen in leicht verständlicher Form und so konkret wie möglich zur Verfügung zu stellen.

Oft ist es nicht einfach, Betroffenen mit ASS zu helfen. Eltern und Fachkräfte wissen, dass Zeit besonders kostbar ist, wenn es darum geht, effektiv Veränderungen zu bewirken. Daher sollten Erklärungsmodelle und Hilfen bewährt und wissenschaftlich anerkannt sein. Wir haben daher Kollegen in Deutschland, Österreich, England und den USA gebeten, ihr Spezialwissen über bestimmte evidenzbasierte und praxiserprobte Therapiemethoden in kurzer, konkreter Form mit unseren Lesern zu teilen.

Hierbei wird ein Einblick in folgende Themen gegeben: Lernen durch ABA und AVT (Applied Behavior Analysis und Autismusspezifische Verhaltenstherapie), Anders denken lernen – Kognitive Verhaltenstherapie zum Abbau von Frustration und Ängsten und zum Aufbau von sozialen Fähigkeiten, Lernen von positiven Alternativen zu Verhaltensproblemen, Lernen im Alltag – Natürliches Lernen, Lernen im Sekundentakt – Präzisionslernen, Lernen durch Apps, Lernen durch visuelle Hilfen, Lernen durch Videomodellierung, Lernen von Spiel und Bezie-

5

hungen zu Gleichaltrigen: Integrierte Spielgruppen, Lernen im inklusiven schulischen Setting, Medikamentöse Hilfe und die Suche nach den Ursachen von Autismus-Spektrum-Störungen. Wir hoffen, dass die Bände unserer Reihe »Autismus Konkret« Eltern und Kollegen helfen, Ursachen besser zu verstehen und wissenschaftlich anerkannte Therapiemethoden kennenzulernen. Hierbei wünschen wir, dass jeder Praxisband der Serie einen Beitrag leistet, therapeutische Hilfen für Betroffene mit ASS konkreter zu machen und Kindern und Jugendlichen mit ASS eine echte Chance zu geben, sich so zu entwickeln, dass eine Teilhabe am Leben der Gemeinschaft auch tatsächlich möglich wird. Und dazu braucht es sicher »mehr als ein Dorf«.

Dr. Vera Bernard-Opitz, Herausgeberin der Reihe, Irvine, Juni 2018

# Inhalt

# Vorwort

Vom TEACCH®-Ansatz kommend, ist die Verwendung visueller Strategien in der Förderung von Menschen mit Autismus-Spektrum-Störung (ASS) eine Selbstverständlichkeit für mich. Dabei geht es nicht darum, rezepthaft bestimmte Hilfsmittel oder Formen der Strukturierung anzuwenden, sondern individuell geeignete Wege zu suchen, wie Kommunikation bestmöglich gelingen kann. Hierbei spielt die Anwendung visueller Strategien eine wichtige Rolle, denn sie dient immer der Vermittlung von verständlichen Informationen – und somit der Kommunikation.

Neben dem Einsatz visueller Strategien in der (direkten) Kommunikation legt der TEACCH®-Ansatz ebenso viel Wert auf die Bereitstellung relevanter Informationen zur selbstständigen Handlungsorganisation. Das heißt, dass auch in Situationen, in denen keine Bezugsperson anwesend ist (oder sie möglichst nicht eingreifen sollte), der Person mit ASS die Informationen zugänglich gemacht werden, die sie zur erfolgreichen Bewältigung benötigt.

Der Einsatz von visuellen Strategien in der Förderung von Menschen mit ASS erfolgt – abhängig vom Ziel, das man erreichen möchte – auf sehr unterschiedliche Weise. So können sie als Kommunikationsmittel der Person mit ASS dienen, um sich (effektiver) mitzuteilen. Sie können aber auch als Kommunikationsmittel der Bezugsperson verwendet werden, die sich hierüber besser verständlich machen kann als über verbale Sprache allein. Schließlich können visuelle Informationen und Materialien als Unterstützung dienen, auf die eine Person mit ASS zugreift, um sie zur eigenen Handlungsorganisation oder Verhaltensregulierung zu nutzen.

9

Je nachdem, welche *Funktion* eine visuelle Strategie erfüllt, ist der *Umgang* mit dem Material ein anderer. In der praktischen Anwendung visueller Strategien wird dies jedoch oftmals nicht (ausreichend) beachtet, zumal man am Material selbst nicht erkennen kann, wie es eingesetzt werden soll. Es ist mir daher ein Anliegen, zunächst einmal die verschiedenen Funktionen visueller Strategien in der Förderung von Menschen mit ASS näher zu beleuchten und entsprechende Hinweise zum jeweiligen praktischen Einsatz abzuleiten.

Der Schwerpunkt dieses Buches wird auf Strategien liegen, welche das selbstständige Handeln einer Person mit ASS unterstützen. Hierbei habe ich mich bemüht, im Rahmen meiner Beispiele eine Bandbreite an Formaten und Hilfsmitteln für Personen mit ganz unterschiedlichen Fähigkeitsniveaus vorzustellen. Für jeden Bereich finden sich Ideen, die weder Bildverständnis noch Lesefähigkeit voraussetzen, ebenso wie Strategien, die auf Bildmaterial und schriftliche Informationen zurückgreifen. Im Fokus stehen in diesem Band Personen mit höherem Unterstützungsbedarf. Dies darf jedoch nicht darüber hinwegtäuschen, dass Menschen mit ASS und hohen kognitiven Fähigkeiten nicht auch von (komplexeren) visuellen Systemen zur Unterstützung im Studien-, Berufs- und Alltagsleben profitieren.

Die Strategien und praktischen Ideen, die im Rahmen dieses Buches vorgestellt werden, basieren auf dem Konzept des *Structured TEACCHing*, wie es im TEACCH® Autism Program der University of North Carolina (USA) entwickelt wurde (Schopler, Mesibov & Hearsey, 1995; Schopler, 1997; Mesibov, Shea & Schopler, 2005). Eine ausführliche Darstellung der theoretischen Grundlagen sowie Anleitungen zur praktischen Umsetzung des Structured TEACCHing finden sich in Häußler (2016).

Die in diesem Band zusammengestellten konkreten Beispiele stammen aus ganz unterschiedlichen Kontexten und lassen sich für alle Altersgruppen anpassen. Die hinter einem Material steckende Idee bezieht sich in der Regel auf ein generelles Problem, während die konkrete Ausführung und Gestaltung auf eine spezielle Person abgestimmt ist. In der Regel können hier vorgestellte Materialien also nicht ohne Weiteres übernommen, sondern müssen individualisiert und auf den jeweiligen Einzelfall zugeschnitten werden. Ich hoffe jedoch, dass die Beispiele als Anregung dienen und Ausgangspunkt für neue und kreative Hilfen sein können. An anderer Stelle finden sich weitere Ideen zur Strukturierung von Alltagstätigkeiten (Häußler & Tuckermann, 2011), zur Förderung sozialer Kompetenzen (Häußler et al., 2016[4]; Häußler, Tuckermann & Lausmann, 2011) sowie zur Unterstützung im Rahmen der Regelschule (Tuckermann, Häußler & Lausmann, 2017[3]).

Zum Sprachstil möchte ich Folgendes anmerken: Zugunsten einer besseren Lesbarkeit des Textes verwende ich in der Regel die grammatikalisch männliche Form und schließe selbstverständlich damit weibliche Personen ein. An Stellen, wo ich die weibliche Form wähle, dürfen sich die männlichen Vertreter ebenso gemeint fühlen.

Im Bemühen, zu verdeutlichen, dass die Hilfen für Menschen unterschiedlichen Alters geeignet sind, findet überwiegend die Formulierung »Person mit ASS« Anwendung. Mit »Bezugsperson« sind all diejenigen gemeint, die einen Menschen mit ASS begleiten und unterstützen (Eltern, Lehrerinnen, Erzieherinnen, Betreuer, Therapeuten, Integrationskräfte usw.).

In meiner praktischen Tätigkeit als Therapeutin, in der Diagnostik sowie in der Beratung habe ich immer wieder die Erfahrung gemacht, wie hilfreich und effektiv der Einsatz visueller Strategien gerade auch im Umgang mit Menschen ist, die eine

11

autistische Wahrnehmung haben. Es freut mich daher sehr, dass Dr. Vera Bernard-Opitz mich eingeladen hat, im Rahmen ihrer Reihe »Autismus konkret« einen Band zu diesem Thema beizusteuern.

Mainz, im Juni 2018
Anne Häußler

# 1 Visuelle Strategien: Besonders hilfreich für Menschen mit einer autistischen Wahrnehmung

Die Verarbeitung visueller Informationen zählt meist zu den Stärken von Menschen mit einer Autismus-Spektrum-Störung (ASS). Häufig haben sie herausragende Fähigkeiten in der räumlich-visuellen Wahrnehmung, können visuelle Reize schnell entdecken und sind unempfindlich gegen visuelle Täuschungen (hierzu gibt es einen umfassenden Überblicksartikel von Simmons et al., 2009). Auch das visuelle Gedächtnis – zumindest für weniger komplexe Informationen – ist bei vielen Menschen mit ASS ausgesprochen gut (Williams, Goldstein & Minshew, 2006).

In einer Meta-Analyse von Studien zur Gehirnaktivität bei Autismus konnten Samson und ihre Kollegen (2012) nachweisen, dass Personen mit ASS Hirnbereiche, die mit visueller Verarbeitung zu tun haben, deutlich stärker beanspruchen als Personen ohne ASS. Somit bleiben ihnen weniger Ressourcen für die Aktivierung anderer Hirnbereiche, die für höhere Funktionen wie Organisation, Kontrolle, Entscheidungen und strategische Planung zuständig sind. Dies kann die häufig beobachtete Stärke der visuellen Wahrnehmung ebenso erklären wie die typischen Schwierigkeiten mit Organisation und Handlungsplanung.

In Bezug auf die visuelle Wahrnehmung von Menschen mit ASS ist aber auch bekannt, dass sie sich mehr auf Einzelheiten konzentrieren und es ihnen schwerfällt, (bedeutsame) Zusammenhänge zu erkennen (Müller, 2008). Dies wirkt sich in komplexeren Situationen aus, wenn es darum geht, sich die Bedeutung aus dem Zusammenspiel mehrerer Details zu erschließen. Hinzu kommt, dass Personen mit ASS ihre Aufmerksamkeit oft auf andere Dinge lenken als die, welche für das Verständnis der Situation wichtig sind. Somit fällt es ihnen noch schwerer, inhaltliche Zusammenhänge herzustellen.

Im Gegensatz zur Stärke in der visuellen Wahrnehmung ist bei Autismus zudem die Verarbeitung von Tönen und Sprache verlangsamt (Roberts et al., 2010). Auch wenn es sich nur um kurze Verzögerungen bei der Sprachverarbeitung handelt (11 Millisekunden), häufen sich diese an. So kommt es oft vor, dass ein Kind mit Autismus noch den ersten Teil eines Satzes verarbeitet, während dieser bereits beendet ist und das Gespräch weitergeht.

Vor dem Hintergrund dieser Wahrnehmungsbesonderheiten liegt es nahe, in der Förderung von Menschen mit ASS den bevorzugten Sinneskanal anzusprechen und visuelle Strategien zu nutzen. Im Lauf der Zeit wurden viele Ideen entwickelt, wie man durch visuelle Formen der Unterstützung das Lernen und die Handlungsfähigkeit von Personen mit ASS fördern kann. Solche Strategien haben sich in der Praxis vielfach bewährt und gehören mittlerweile zu den etablierten Bestandteilen der pädagogisch-therapeutischen Arbeit.

Das *National Professional Development Center on Autism Spectrum Disorder (NPDC)* hat 2007 bis 2014 in den USA mit Hilfe staatlicher Mittel gezielte Interventionen und Methoden zur Förderung von Menschen mit ASS auf ihre wissenschaftlich nachweisbare Wirksamkeit untersucht. Es konnten 27 Interventionen identifiziert werden, die den strengen Anforderungen der Forschungsgruppe genügten und als »evidenzbasierte« Methoden eingestuft wurden. Visuelle Hilfen sind eine davon: Sie zählen zu den anerkannten und effektiven Strategien der autismusspezifischen Förderung (vgl. Autism Professional Development Center, 2017). Die Ergebnisse dieser Studie sind unter http://autismpdc.¬fpg.unc.edu/evidence-based-practices (Stand: 24.01.18) einsehbar.

## 1.1 Zehn gute Gründe für die Verwendung visueller Hilfen

Es gibt mehr als einen Grund, warum visuelle Strategien in der Begleitung und Förderung von Personen mit ASS hilfreich sind. Sie zielen auf unterschiedliche Defizite und Schwierigkeiten ab, die jedoch nicht immer alle vorliegen müssen. Welche Person mit welchen konkreten Herausforderungen konfrontiert ist, muss individuell abgeklärt werden. In jedem Fall reicht jedoch *ein* guter Grund für die Verwendung visueller Hilfen. Die folgende Auflistung benennt zehn Aspekte, die man bedenken sollte.

1. Visuelle Informationen werden leichter verarbeitet. (Wir nutzen die Stärke in dieser Sinnesmodalität.)
2. Visuelle Informationen bieten eine Alternative oder Ergänzung zu verbaler Sprache. (Wir umgehen Probleme bei der Sprachverarbeitung.)
3. Visuelle Informationen lassen mehr Zeit für die Verarbeitung. (Wir ermöglichen ein individuelles Verarbeitungstempo.)
4. Auf visuelle Informationen kann man immer wieder zugreifen; sie sind beständig. (Wir bieten Erinnerungshilfen und umgehen somit Probleme mit der auditiven Merkfähigkeit. Zudem geben wir emotionale Sicherheit.)
5. Visuelle Informationen lassen sich leichter merken. (Wir nutzen die Stärke im visuellen Gedächtnis.)
6. Durch visuell klar strukturierte Gestaltung wird die Informationsaufnahme erleichtert. (Wir lenken die Aufmerksamkeit auf das Wesentliche.)
7. Durch visuell klar strukturierte Gestaltung wird die Entschlüsselung der Information erleichtert. (Wir machen Zusammenhänge kenntlich und erleichtern so das Erkennen der Bedeutung.)
8. Visuelle Hilfen bieten Information, Struktur und Handlungsimpulse. (Wir kompensieren Probleme mit der Organisation, Planung und Kontrolle.)
9. Visuelle Hilfen vermitteln eindeutige konkrete Botschaften; es besteht keine Notwendigkeit, Tonfall, Mimik und Blickverhalten zu interpretieren. (Wir umgehen Schwierigkeiten in der Verarbeitung sozialer Reize.)
10. Auf visuelle Hilfen kann man zugreifen, auch wenn niemand sonst da ist; sie unterstützen oder ermöglichen selbstständiges Handeln. (Wir vermeiden eine Abhängigkeit von anderen Personen.)

# 2 Grundsätzliche Überlegungen zum Einsatz visueller Strategien

Visuelle Hilfen in der Förderung von Menschen mit ASS können die verschiedensten Formen annehmen und ganz unterschiedlichen Zielen dienen. Um sie sinnvoll und effektiv anzuwenden, sollten einige grundlegende Fragen geklärt sein, bevor man an die praktische Umsetzung geht. Insbesondere sollte klar definiert sein, welches Ziel man damit erreichen möchte. Je nachdem, mit welchem Ziel eine Strategie eingesetzt wird, erfüllt sie eine entsprechende Funktion. Abhängig von der jeweiligen Funktion unterscheiden sich dann auch die Vorgehensweisen im praktischen Einsatz.

Im Folgenden betrachten wir daher zunächst die verschiedenen Arten visueller Hilfen und gehen dann der Frage nach, was dies für den Umgang mit den Materialien bedeutet.

## 2.1 Verschiedene Arten visueller Hilfen – die Unterschiede sollte man kennen!

Der Einsatz visueller Strategien in der Förderung von Menschen mit Autismus ist weit verbreitet und es gibt mittlerweile eine Vielzahl visueller Strategien und Hilfsmittel, die für unterschiedliche Problemstellungen entwickelt und erprobt wurden. In der folgenden Aufzählung werden gängige Strategien (ohne Anspruch auf Vollständigkeit) aufgelistet. Es wird deutlich: Visuelle Strategien umfassen nicht nur verschiedenartige Formate, sondern beziehen sich auch auf ganz unterschiedliche Themen und Inhalte der Förderung.

**Visuelle Strategien in der Förderung von Menschen mit Autismus-Spektrum-Störung (Beispiele)**
* Arbeitssysteme und strukturierte Arbeitsplätze
* Auswahlbretter/Auswahlkiste
* Bildliche oder schriftliche Ortsbezeichnungen
* Bildliche oder schriftliche Verhaltenshinweise (z. B. Nein!-Karte, Stopp-Schild, Leise!)
* Checklisten
* Comic-Strip-Conversations
* Erinnerungshilfen
* Kommunikationsbuch (mit Bildern/Kommunikationskarten)

- Kommunikationstasche (mit Gegenständen)
- Pausenkarte (in Stresssituationen)
- Pläne (Zeitpläne, Ablaufpläne, Instruktionspläne usw.)
- Power Cards
- Schablonen, Markierungen
- Skalen zur Selbsteinschätzung (Stimmungsbarometer, Stresslevel usw.)
- Social Stories™
- Soziale Skripte
- Talker/I-Pad mit Kommunikations-App
- Timer, Uhren
- Verstärkersysteme
- Visuell strukturierte Aufgaben
- Visuelle Informationen (Objekte, Bilder, Schrift) als Übergangshinweise zur nächsten Aktivität
- Visuelle Instruktionen und Regeln
- Visuelle Rückmeldesysteme (z. B. Bewertungen, Lautstärke-Skala)
- Visuelle Strukturierung des Raumes
- Visueller Count-Down
- Warte-Karte

So vielseitig die Strategien und Materialien auch sind, sie haben eines gemeinsam: Alle dienen der Vermittlung von Informationen. Sie lassen sich in zwei grundlegende Kategorien einteilen: Zum einen gibt es die Strategien, die im direkten Austausch mit einer anderen Person eingesetzt werden. In diesem Fall handelt es sich um ergänzende oder alternative Mittel der (direkten) *Kommunikation*. Greift eine Person dagegen von sich aus auf visuelle Hinweise zu, die für sie in ihrer Umwelt zugänglich sind, so dient dies der selbstständigen *Information*.

19

Im Rahmen der Kommunikation wiederum müssen wir unterscheiden, *wer* die visuellen Strategien verwendet. So kann sowohl die Person mit ASS als auch die Bezugsperson visuelle Hilfen zur Kommunikation einsetzen. Es gibt also drei Arten visueller Strategien:

Wenn wir jemandem im direkten Kontakt etwas mitteilen wollen, so tun wir es im Allgemeinen über Sprache (unterstützt durch Mimik und Gestik). Bleibt dies erfolglos, können wir vielleicht eine Handlung vormachen, um zu zeigen, was wir meinen. Möglicherweise hilft eine pantomimische Darstellung oder entsprechende Gebärde. Werden wir – trotz der zusätzlichen visuellen Hinweise durch Mimik, Gestik, Demonstration einer Handlung oder Gebärde – noch immer nicht verstanden, kann es sinnvoll sein, etwas aufzuschreiben oder aufzuzeichnen, um uns **verständlich** zu machen. In dem Fall nutzen wir körperfremde (visuelle) Kommunikationsmittel, um uns mitzuteilen.

Dies ist häufig eine sehr effektive Strategie, wenn man mit Personen umgeht, die eine autistische Wahrnehmung haben: Bezugspersonen verwenden dann visuelle Hilfsmittel, wie zum Beispiel bedeutungsvolle Gegenstände, Bildkarten oder schriftliche Hinweise, um das, was sie sagen wollen, zu vermitteln. Darüber hinaus strukturieren sie die Situation so, dass durch deren Gestaltung ersichtlich wird, worauf sie hinauswollen. Im Hinblick auf die Person mit ASS handelt es sich bei dieser Art von visuellen Strategien um *Unterstützung der rezeptiven Kommunikation (Sprachverständnis)*.

Anders herum passiert es oft, dass die Person mit ASS jemandem etwas **mitteilen** möchte, aufgrund ihrer Beeinträchtigung aber nicht sprechen oder Sprache nicht so verwenden kann, dass ihr Gegenüber es versteht. Vielfach sind andere körpereigene Kommunikationsformen wie Mimik und Gestik ebenfalls beeinträchtigt, so dass sich auch hier der Einsatz visueller Materialien zur Kommunikation anbietet. Werden visuelle Strategien in dieser Art eingesetzt, handelt es sich um alternative Kommunikationsmittel der Person mit ASS zur *Unterstützung der expressiven Kommunikation (Mitteilungsfähigkeit)*.

Neben den visuellen Hilfen zur Unterstützung der Ausdrucksfähigkeit und des Verstehens im Rahmen einer direkten Interaktion gibt es dann noch als drittes die *Hilfen zum selbstständigen Handeln*. Hierbei handelt es sich um **Informationen**, die in der Umwelt vorhanden sind oder im Voraus bereitgestellt wurden, die aber nicht begleitend durch eine Bezugsperson vermittelt werden. Sie umfassen (visuelle) Hilfsmittel sowie eine entsprechend (visuell) vorstrukturierte Situation, die ein möglichst selbstständiges Handeln unterstützen. Wichtig ist hierbei, dass die Person mit ASS die für sie wichtigen Informationen möglichst ohne fremdes Zutun abrufen und verwerten kann. Der maximale Grad der Selbstständigkeit ist erreicht, wenn der Betreffende von sich aus zum gegebenen Zeitpunkt die Informationen holt und ohne weitere Unterstützung für ein erfolgreiches Handeln verwendet.

Vor diesem Hintergrund lassen sich die zu Beginn aufgelisteten visuellen Strategien in die drei beschriebenen Kategorien einordnen (▶ Tab. 1). Da manche Strategien sowohl von der Bezugsperson als auch von der Person mit ASS genutzt werden können, erscheinen diese mehrfach. So kann zum Beispiel ein strukturierter Arbeitsplatz in der Einzelförderung der Bezugsperson dazu dienen, der Person mit ASS verständlich zu machen, welche Aufgaben bevorstehen, wie lange die gemeinsame Zeit dauert und was anschließend kommt. Im Rahmen des selbstständigen Handelns kann sich die Person mit ASS aber auch allein an ähnlichen Hinweisen orientieren und für sich ablesen, welche Aufgaben zu tun sind, wie lange die Arbeitszeit etwa dauert und worauf sie sich anschließend freuen kann.

**Abb. 1:** Einsatz visueller Hilfen zur Unterstützung der rezeptiven Kommunikation (1), der expressiven Kommunikation (2) und des selbstständigen Handelns (3).

**Tab. 1:** Zuordnung visueller Strategien nach ihren Funktionen

| Unterstützung der rezeptiven Kommunikation: Hilfe zum Verstehen | Unterstützung der expressiven Kommunikation: Alternatives Kommunikationsmittel | Hilfe zum selbstständigen Handeln: Personenunabhängige Information |
|---|---|---|
| • Arbeitssysteme und strukturierte Arbeitsplätze<br>• Bildliche Verhaltenshinweise (z. B. Nein!-Karte, Stopp-Schild, Leise!)<br>• Comic-Strip-Conversations<br>• Pausenkarte (in Stresssituationen)<br>• Pläne (Zeitpläne, Ablaufpläne, Instruktionspläne usw.)<br>• Schablonen, Markierungen<br>• Social Stories™<br>• Timer, Uhren<br>• Verstärkersysteme<br>• Visuelle Rückmeldesysteme (z. B. Bewertungen, Lautstärke-Skala)<br>• Visuell strukturierte Aufgaben<br>• Visuelle Informationen (Objekte, Bilder, Schrift) als Übergangshinweise | • Auswahlbretter/ Auswahlkiste<br>• Kommunikationsbuch (mit Bildern/ Kommunikationskarten)<br>• Kommunikationstasche (mit Gegenständen)<br>• Pausenkarte (in Stresssituationen)<br>• Skalen zur Selbsteinschätzung (Stimmungsbarometer, Stresslevel usw.)<br>• Talker/I-Pad mit Kommunikations-App<br>• Visuelle Rückmeldesysteme (z. B. Bewertungen, Lautstärke-Skala) | • Arbeitssysteme und strukturierte Arbeitsplätze<br>• Bildliche oder schriftliche Ortsbezeichnungen<br>• Checklisten<br>• Pläne (Zeitpläne, Ablaufpläne, Instruktionspläne usw.)<br>• Power Cards<br>• Schablonen, Markierungen<br>• Social Stories™<br>• Soziale Skripte<br>• Timer, Uhren<br>• Visuell strukturierte Aufgaben<br>• Visuelle Informationen (Objekte, Bilder, Schrift) als Übergangshinweise zur nächsten Aktivität<br>• Visuelle Instruktionen und Regeln<br>• Erinnerungshilfen |

23

**Tab. 1:** Zuordnung visueller Strategien nach ihren Funktionen – Fortsetzung

| Unterstützung der rezeptiven Kommunikation:<br><br>Hilfe zum Verstehen | Unterstützung der expressiven Kommunikation:<br><br>Alternatives Kommunikationsmittel | Hilfe zum selbstständigen Handeln:<br><br>Personenunabhängige Information |
|---|---|---|
| zur nächsten Aktivität<br>• Visuelle Instruktionen und Regeln<br>• Visuelle Strukturierung des Raumes<br>• Visueller Count-Down<br>• Warte-Karte | | |

# 2.2 Praktische Anwendung visueller Hinweise – worauf man achten sollte

Eine Strategie ist mehr als das Material, das zum Einsatz kommt. So ist eine Bildkarte nur dies: eine Bildkarte. Eine Strategie dagegen beinhaltet Richtlinien, wer was womit tut, um etwas Bestimmtes zu erreichen. Insofern definiert der *Umgang* mit der Bildkarte die visuelle Strategie.

Doch am Material selbst lässt sich nicht erkennen, wie man es verwenden soll. Grundsätzlich ist es möglich, dass ein visueller Hinweis für alle drei beschriebenen Funktionen nutzbar ist. So kann zum Beispiel eine Bildkarte mit einer Kaffeetasse und der Bildunterschrift »Kaffee trinken« von der Bezugsperson eingesetzt werden, um den Betreffenden zur Kaffeepause zu holen. Oder die Person mit ASS bringt diese Karte zum Betreuer und äußert damit den Wunsch nach einer Tasse Kaffee. Denkbar ist auch, dass die Karte an einem für die Person mit ASS zugänglichen Tagesplan hängt. Dort schaut der Betreffende am Ende einer Aktivität nach, was als nächstes kommt, und kann sich selbst erschließen, dass es Zeit ist für die Kaffeepause.

Für einen effektiven Einsatz visueller Strategien ist es daher wichtig, klar zu definieren, wann was in welcher Weise von wem verwendet werden soll. Denn entsprechend muss der Zugang zum Material geregelt werden und gegebenenfalls ein Training erfolgen.

Geht es darum, dass die Bezugsperson sich mithilfe eines visuellen Hinweises verständlicher mitteilen möchte, gehört das Material in die Hände (und Taschen) der *Bezugsperson*. Es ist *ihre* Form der unterstützten Kommunikation, und so sollte sie ständig Zugriff darauf haben und es bei Bedarf einsetzen. Damit die Botschaft beim Gegenüber ankommt, muss sie dafür sorgen, dass die Aufmerksamkeit der Person mit ASS auf den Hinweis gerichtet wird. Möglicherweise hält die Bezugsperson ihn ins Sichtfeld ihres Kommunikationspartners und unterstreicht durch begleitende Worte, was der Hinweis bedeutet (z. B. »Zeit für Kaffeepause!«). Der visuelle Hinweis wird das Verständnis für die Mitteilung nur dann effektiv unterstützen, wenn er von der Person mit ASS auch leicht entschlüsselt werden kann. Das bedeutet, dass das Abstraktionsniveau auf die Fähigkeiten der Person abgestimmt werden muss, die den Hinweis »lesen« soll.

Handelt es sich dagegen um visuelle Materialien, welche die *Person mit ASS* nutzt, um sich mitzuteilen, so sollte auch diese Person uneingeschränkten Zugang zu ihren Kommunikationsmitteln haben. Nur, wenn sie selbst die Kontrolle über ihre

Kommunikationsmittel besitzt, hat sie die Möglichkeit zu spontanen Äußerungen. So sollte beispielsweise eine Tafel mit Bildern zur Auswahl für Aktivitäten jederzeit zugänglich sein und nicht nur zu bestimmten Zeiten von der Bezugsperson aus dem Schrank geholt und der Person mit ASS vorgelegt werden. Damit sie die visuellen Materialien dann auch effektiv zur expressiven Kommunikation nutzen kann, ist ein entsprechendes Training erforderlich. Das heißt, die Person mit ASS muss diese Form der Kommunikation erlernen und in diesem Zusammenhang auch den Wortschatz erwerben (also die Hinweise und ihre Bedeutung lernen).

Dienen die visuellen Hinweise als Hilfe zur selbstständigen Handlungsorganisation, so handelt es sich um eine personenunabhängige Informationsquelle, derer die *Person mit ASS* sich selbstständig bedient. Auch in diesem Fall müssen die Hinweise und Hilfsmittel für den Betreffenden direkt zugänglich sein. Entweder hat er sie bei sich und schaut zu gegebener Zeit darauf, oder er findet die Hinweise im Umfeld. Es können Bilder oder schriftliche Informationen sein, bedeutungsvolle Gegenstände oder auch eine spezifische Art, wie Dinge angeordnet sind. Um die Informationen nutzen zu können, muss der Betreffende nicht nur Zugang zu ihnen haben, sondern sie auch ohne allzu große Anstrengung abrufen können. Die Hinweise müssen die Aufmerksamkeit des Betreffenden erregen, inhaltlich leicht zu verstehen und einfach zu handhaben sein. Letzteres – die Umgangsweise mit den Hilfsmitteln – gilt es zuvor ebenso zu üben wie die Routine, in entsprechenden Situationen überhaupt erst nach Informationen zu suchen.

Abhängig von der Funktion haben die drei Arten visueller Hilfen also unterschiedliche Merkmale. Diese Unterschiede sollte man kennen, um zu entscheiden, welche Art der visuellen Hilfe sinnvoll ist und was man bei deren Einsatz beachten muss.

Tabelle 2 gibt einen Überblick über die verschiedenen Arten visueller Strategien und was sie kennzeichnet.

**Tab. 2:** Gegenüberstellung verschiedener Arten visueller Hilfen und deren Merkmale

| Funktion | Unterstützung der rezeptiven Kommunikation: Hilfe zum Verstehen | Unterstützung der expressiven Kommunikation: Alternatives Kommunikationsmittel | Hilfe zum selbstständigen Handeln: Personenunabhängige Information |
|---|---|---|---|
| Art der Anforderung | kommunikativ | kommunikativ | handlungsorganisatorisch |
| Kombination mit verbaler Sprache | ergänzend zur verbalen Sprache | sprachergänzend oder Sprache ersetzend | ohne begleitende verbale oder gestische Hinweise |
| Wer greift auf das Hilfsmittel zu? | Bezugsperson | Person mit ASS | Person mit ASS |
| Ziel | Person mit ASS versteht, was Bezugsperson sagen will | Bezugsperson versteht, was Person mit ASS sagen will | Person mit ASS bewältigt eine Anforderung ohne direktes Eingreifen einer anderen Person |
| Training der Person mit ASS erforderlich? | nein | ja | ja |

Natürlich kann es sein, dass die Person mit ASS nicht auf ihre Hilfsmittel zugreift, auch wenn sie diese kennt und bedienen könnte. Mangelnde Eigeninitiative steht der Selbstständigkeit oftmals im Weg. In diesen Fällen sind die Betreffenden darauf angewiesen, dass jemand sie dazu auffordert, einen Hinweis zu beachten oder ein Hilfsmittel zu benutzen. Das ist nicht schlimm, doch sollte klar sein: In dem Moment, in dem ein Begleiter der Person mit ASS das Material anreicht oder zu dessen Verwendung ermuntern muss, erfolgt die Handhabung nicht mehr selbstständig. Der Nutzer kann das Hilfsmittel zwar grundsätzlich verstehen und umsetzen, ist aber davon abhängig, dass eine Bezugsperson die Handlung in Gang setzt oder gar kontinuierlich begleitet. Für die expressive Kommunikation bedeutet dies, dass die Person mit ASS sich nur äußern kann, wenn sie zuvor angesprochen und etwas gefragt wird. Bemerkt ihr Gegenüber nicht, dass sie etwas mitteilen möchte, muss sie stumm bleiben. Gleiches gilt für Situationen, in denen sie bewusst ignoriert wird – wer nicht initiieren kann, ist dem Anderen ausgeliefert!

Dieselben Überlegungen treffen auch auf das Nutzen von (visuellen) Hilfen zur möglichst selbstständigen Handlungsorganisation zu. Hier kommt es durch die Hinweisabhängigkeit dazu, dass der Handlungsfluss immer wieder unterbrochen wird und die Person mit ASS auf den nächsten Impuls zur Verwendung eines visuellen Hinweises wartet. Eine Weiterführung der Handlung oder eine Änderung des Verhaltens erfolgt erst, wenn die Bezugsperson das »Zauberwort« gesagt hat.

Diese Hinweisabhängigkeit ist typisch für Menschen mit einer autistischen Wahrnehmung und entwickelt sich oft sehr schnell und häufig unbemerkt. Besteht das letztendliche Ziel aber darin, dass die Person mit ASS ein Material oder Hilfsmittel möglichst selbstständig nutzt, so muss dies bereits im Training sorgfältig berücksichtigt werden. Dabei kommt es ganz wesentlich darauf an, wie sich die Bezugsperson während des Trainings verhält. Denn es sind ja letztlich *deren* Hinweise, von denen das Kind oder die angeleitete Person mit ASS oftmals abhängig bleibt. Der **Einsatz visueller Kommunikationsmittel seitens der Person mit ASS** ist ein eigener großer Themenbereich, den wir an dieser Stelle nicht vertiefen können. Es würde den Rahmen dieses Buches sprengen, hier näher auf diesen Aspekt einzugehen. Wer sich über alternative Kommunikationsmöglichkeiten für kommunikationsbeeinträchtigte Personen informieren möchte, findet im *Handbuch der Unterstützten Kommunikation* (Loeper Literaturverlag/isaac, 2017) ein hervorragendes Nachschlagewerk, das einen umfassenden Einblick in Theorie und Praxis bietet.

Im Hinblick auf visuelle Kommunikation und Autismus sei jedoch besonders auf den PECS-Ansatz (Picture Exchange Communication System, Frost & Bondy, 2002) hingewiesen. Dieser Ansatz wurde speziell für Kinder mit Autismus und verwandten Entwicklungsstörungen konzipiert. Er bietet einen systematischen Aufbau zur Einführung einer Kommunikation mit Bildkarten, wobei größte Sorgfalt darauf gelegt wird, die *spontane* Kommunikation zu fördern und Hinweisabhängigkeit zu vermeiden. Neben solchen nicht-elektronischen Kommunikationssystemen werden Personen mit Autismus aber auch Computer und I-Pad immer mehr als Kommunikationsmittel erschlossen (z. B. Hallbauer & Kitzinger, 2015; Wendt, 2016).

Der Schwerpunkt dieses Buches liegt auf der **Verwendung visueller Strategien als Hilfe zum Verstehen und Handeln**. Werden visuelle Strategien als reine Verständnishilfen eingesetzt, so ist kein spezielles Training der Person mit ASS vonnöten. Es kommt dann lediglich darauf an, dass die Bezugsperson die Fähigkeiten ihres Gegenübers berücksichtigt und geeignete Wege und Mittel findet, sich verständlich zu machen. Die Einführung visueller Hilfen zur selbstständigen Handlungsorganisation dagegen erfordert ein systematisches Einüben. Hier ist es nicht damit getan, ein verständliches Signal zu entwickeln. Die Person mit ASS muss lernen, selbst mit dem Hilfsmittel umzugehen. Wie man diesen Prozess gestalten kann, wird im Folgenden näher beleuchtet.

## 2.3 Visuelle Hilfen zur Handlungsorganisation – der Weg zur Selbstständigkeit

Neue Fähigkeiten vermitteln wir in der Regel im Rahmen der Einzelförderung oder in einer Gruppe. Dies geschieht im direkten Kontakt – der Prozess ist interaktiv und wird von der Bezugsperson geleitet. Die Bezugsperson erklärt, zeigt, macht vor, greift Lösungsansätze auf und hilft, wenn es nötig ist. Sie passt die Anforderung an, korrigiert, lobt und motiviert. Visuelle Strategien, die in diesem Zusammenhang eingesetzt werden, dienen als Hilfe zum Verstehen. Sie werden von der Bezugsperson an geeigneter Stelle im Lernprozess eingebracht, gegebenenfalls erklärt und unterstützen das Lernen.

Hat die Person mit ASS eine **Fähigkeit** erworben, geht es im nächsten Schritt darum, diese **im Alltag auch sinnvoll nutzen zu können.** Dazu ist es wichtig, dass der Betreffende selbstständig seine Fähigkeiten einsetzt und die gelernten Tätigkeiten auch ohne enge Begleitung und verbale Anleitung ausführt. Da, wo die Bezugsperson noch aktiv bei der Handlungsorganisation unterstützen muss (z. B. Teile einzeln anreichen oder an den nächsten Handlungsschritt erinnern), gilt es nun, ein personenunabhängiges Format zu entwickeln. Das bedeutet, die Anforderung sollte so gestaltet werden, dass die Bezugsperson nicht mehr mit ihren Händen eingreifen und auch keine verbalen oder gestischen Hinweise mehr geben muss. Hier kommen dann vermehrt materialbezogene Hilfen und Formen der Strukturierung und Visualisierung zum Einsatz. Um das geeignete Format zu finden, empfiehlt sich das folgende Vorgehen.

### I. Förderdiagnostik: Welche Handlungsschritte können noch nicht selbstständig ausgeführt werden?

Als erstes müssen die **Punkte identifiziert werden, an denen die Bezugsperson bei der Durchführung der Tätigkeit noch eingreift.** Es sollte geklärt werden, ob deren Rückmeldungen, Hinweise und Hilfestellungen wirklich noch erforderlich sind oder ob sie aus Routine erfolgen. Wenn es um Verselbstständigung geht, muss auch die Bezugsperson berücksichtigen, dass es nun nicht mehr um ein gemeinsames Tun geht, sondern darum, dass die Person mit ASS die Tätigkeit *allein* ausführt. Daher sollte sich die Bezugsperson so weit wie möglich zurückhalten, um zu überprüfen, welche Handlungsschritte der Betreffende tatsächlich allein umsetzen kann und wo noch Schwierigkeiten in der Umsetzung liegen.

Für die Person mit ASS kann es schwierig sein zu verstehen, dass sie eine Aktivität, die sie bis dahin mit enger Begleitung in einer interaktiven Situation ausgeführt hat, auf einmal alleine machen soll. Daher ist es oft hilfreich, die **(neue) Erwartung »Tu's allein!«** mit einem neuen Ort zu verbinden, an dem die Bezugsperson von vornherein klarstellt: »Hier sollst du etwas ohne mich tun – ich halte mich 'raus!« Diese Erwartung kann durch eine entsprechende, räumliche Gestaltung unterstützt werden, indem zum Beispiel die Bezugsperson sich nicht mehr direkt als Interaktionspartnerin anbietet und sich *hinter* die Person mit

ASS stellt. Wenn es sich um einen Arbeitstisch handelt, kann auch dieser so gestaltet werden, dass er sich deutlich von dem Tisch unterscheidet, an dem die Einzelförderung stattfindet.

## II. Geeignete Materialien und inhaltliche Gestaltung personenunabhängiger Hilfen

Sind die bei der selbstständigen Durchführung noch bestehenden Probleme erkannt, kann man im zweiten Schritt versuchen, für diese Hürden entsprechende Hilfen und Anpassungen zu entwickeln. Diese haben zum **Ziel, die direkte Anweisung oder Unterstützung seitens einer Bezugsperson zu ersetzen.** Geht es zum Beispiel darum, dass ein Kind den Hinweis auf die nächste Aktivität immer von einem Erwachsenen bekommt, könnte das Ziel darin bestehen, dass das Kind sich die Information an einem festgelegten Ort selbst abholt. Besteht eine Schwierigkeit darin, dass der Betreffende beim Zusammenstellen von Material immer an bestimmte Dinge erinnert werden muss, könnte eine Checkliste sinnvoll sein. Greift jemand ständig »in die Vollen« und kann daher Einzelteile nicht sinnvoll verarbeiten, bietet es sich an, die zu verwendenden Teile zu vereinzeln (z. B. in Fächern eines Eiswürfeltabletts). Ist die Person nicht in der Lage, sich Material zurechtzulegen, kann es in einem Format angeboten werden, bei dem die Materialien bereits auf der Arbeitsfläche angeordnet sind. In einem anderen Fall wäre es vielleicht geeigneter, eine Schablone bereitzustellen, die anzeigt, was wo abgestellt werden soll.

Die Entwicklung und Erstellung visueller Hilfen zur Handlungsorganisation erfordert immer viel Kreativität, denn die Lösungen müssen individuell ausgearbeitet und angepasst werden. Das **Material** sollte der zu erwartenden Beanspruchung standhalten (z. B. wasserfest, reißfest, unzerbrechlich, weich/keine scharfen Kanten). Es sollte für die Person gut zu handhaben sein (Größe, Gewicht) und mögliche sensorische Überempfindlichkeiten berücksichtigen (z. B. glänzend/matt, hart/weich, glatt/rau, laut/leise, riechend/geruchsarm). Von Vorteil ist, wenn man Materialien finden kann, die für die Person interessant sind, jedoch nicht zu reizvoll, so dass sie nicht vom Eigentlichen ablenken.

Neben der Materialauswahl ist die **inhaltliche Gestaltung** zu bedenken: Welche Informationen sollen vermittelt werden? Wie viele dürfen es sein (Komplexität)? Wie werden sie dargestellt (Abstraktionsniveau)? Wie werden sie angeordnet (Format)? Wie kann man sie so hervorheben, dass sie leicht gefunden werden (Aufmerksamkeitslenkung)? Die Antworten auf diese Fragen sind stets individuell zu suchen; Patentlösungen gibt es hierbei nicht.

### III. Training zum Umgang mit den visuellen Hilfen

In der Auswahl und individuellen Gestaltung visueller Strategien besteht die eine Herausforderung. Eine weitere bezieht sich darauf, dass die Hilfsmittel und Hinweise eingeführt und deren Benutzung geübt werden müssen. Es reicht in der Regel nicht aus, einen Plan an die Wand zu hängen oder ein Bildrezept auf die Küchenablage zu legen. Das **Training zum Umgang mit den visuellen Hilfen** stellt daher einen dritten und sehr wesentlichen Aspekt im Hinblick auf den Einsatz visueller Strategien zur Förderung der selbstständigen Handlungsorganisation dar. Es gliedert sich in drei Phasen:

**1. Phase:** Die Person mit ASS wird in der ersten Phase des Trainings mit den neuen Elementen und Hilfsmitteln vertraut gemacht. Hierbei handelt es sich um eine **direkte Anleitung** und sie erfolgt somit im Rahmen der Einzelförderung. Dem Betreffenden wird vermittelt, worauf er bei der Durchführung achten muss, welche Hilfsmittel wie zu benutzen sind und was die Informationen bedeuten. Die Bezugsperson erklärt, zeigt und unterstützt so lange, bis der Betreffende *verstanden* hat, was er machen soll und wie es geht. Sollte sich zu diesem Zeitpunkt der Umgang mit dem Material als schwierig erweisen, so kann die Bezugsperson Anpassungen vornehmen und die Gestaltung optimieren.

**2. Phase:** Hat die Person mit ASS gelernt, die Hinweise in der gestalteten Umgebung zu verstehen und weiß sie, wie man die bereitgestellten visuellen Hilfen verwendet, schließt sich die nächste Phase des Trainings an. Diese beinhaltet einen **systematischen Abbau der Hilfestellungen** durch die Bezugsperson. Ganz bewusst zieht sie sich immer mehr zurück, reduziert verbale und gestische Hinweise, verstärkt nicht mehr jeden einzelnen Handlungsschritt, sondern lobt erst am Ende. Anstelle direkter Anleitungen wie bei der Instruktion (»Nimm dies!«, »Leg es da hin!«) nehmen Hilfestellungen in dieser Phase den Charakter des Coachings an. Sie erfolgen mit dem Ziel, die eigene Problemlösung anzuregen (»Was brauchst du?«, »Wohin kommt das?«, »Und jetzt?«). Gegebenenfalls kann auch eine hinweisende Geste an den nächsten Handlungsschritt erinnern oder ein Klopfen auf das Material die Aufmerksamkeit wieder darauf richten. Letztendlich sollten nach Möglichkeit jedoch auch diese Hilfen nicht mehr erfolgen.

**3. Phase:** Schließlich gilt es zu **überprüfen**, ob die Nutzung der Hilfen ohne Zutun der Bezugsperson erfolgt. Es lohnt sich, die Situation auf Video aufzunehmen und einmal genau zu beobachten, wie der Umgang mit der visuellen Hilfe erfolgt. Benutzt die Person mit ASS sie tatsächlich ganz ohne Unterstützung? Liest womöglich die Bezugsperson die Informationen vor oder nimmt die

Handlung vorweg? Gibt die Bezugsperson vielleicht unbewusste Signale und Hinweise? (Dies kann auch ein ermunterndes Nicken sein oder ein:»Super! Weiter!« aus dem Hintergrund!) Ist an bestimmten Stellen noch ein Eingreifen erforderlich, weil der Betreffenden diesen Schritt noch nicht allein bewältigt? Könnte dies durch eine Anpassung des Materials behoben werden? Oder verhindert gar die Bezugsperson die Selbstständigkeit, indem sie unnötigerweise eingreift? Gibt sie vorschnell Hilfen und lässt sie dem Betreffenden nicht ausreichend Zeit, den nächsten Schritt selbst auszuführen?

Gelingt es nicht, die begleitenden Hinweise und Hilfestellungen der Bezugsperson auszublenden, bleibt häufig eine Hinweisabhängigkeit bestehen, die ein selbstständiges Handeln unmöglich macht. Nicht selten passiert es, dass die Bezugsperson auch aus der Ferne noch den Umgang des Betreffenden mit seiner Organisationshilfe kommentiert, erfolgreiche Handlungsschritte lobt oder ihm gar unnötigerweise sagt, was er tun soll. So kann für die Person mit ASS leicht der Eindruck entstehen, der Umgang mit den visuellen Hilfen sei eine interaktive Angelegenheit: Die Bezugsperson fordert auf, woraufhin der Betreffende etwas tut. Hierzu gibt die Bezugsperson dann eine Rückmeldung, und erst, wenn diese erfolgt, wird die Handlung weitergeführt.

Daher gilt: Das erklärte Ziel der zweiten Phase besteht für die Bezugsperson darin, nicht mehr Bestandteil des Prozesses im Umgang mit den Hilfen zu sein. Nur wenn auch die zweite Phase des Trainings wirklich umgesetzt wird, schafft man die Voraussetzungen für eine selbstständige Nutzung der visuellen Hilfen zur Handlungsorganisation.

In der folgenden Tabelle 3 sind die wesentlichen Merkmale visueller Strategien zur selbstständigen Handlungsorganisation aufgeführt. Angeordnet nach dem zeitlichen Ablauf im Prozess der Verwendung finden sich Hinweise zu grundlegenden Bedingungen sowie zum praktischen Einsatz der Hilfen. Die Hinweise können sowohl als Leitfaden bei der Erstellung neuer Hilfen dienen, als auch zur Überprüfung bereits bestehender Strategien.

**Tab. 3:** Übersicht relevanter Aspekte bei der Gestaltung und Verwendung visueller Strategien zur Förderung der selbstständigen Handlungsorganisation

| Merkmale visueller Strategien zur selbstständigen Handlungsorganisation | | |
|---|---|---|
| **Prozess** | **Bedingung** | **Praktische Umsetzung** |
| Motivation | Die Information muss bedeutungsvoll sein. Die Person muss die Information haben wollen. | Die Information ist neu oder nicht aufgrund von Routine vorhersehbar. Die Information ist für die Person vergessen; nicht sicher abrufbar. Die Information ist wichtig für die Durchführung einer gewünschten Handlung. |
| Initiative | Die Person muss die Information suchen. | Die Strategie »Wenn du nicht weiterweißt, schau nach!« ist zur Routine geworden (Training). Das Material ist interessant gestaltet und reizt zum Benutzen. |
| Aufmerksamkeit | Die Information muss leicht erkennbar sein und die Aufmerksamkeit auf sich ziehen. | Die Information hebt sich vom Umfeld ab und ist schnell zu finden. |

**Tab. 3:** Übersicht relevanter Aspekte bei der Gestaltung und Verwendung visueller Strategien zur Förderung der selbstständigen Handlungsorganisation – Fortsetzung

## Merkmale visueller Strategien zur selbstständigen Handlungsorganisation

| Prozess | Bedingung | Praktische Umsetzung |
|---|---|---|
| Reizaufnahme | Die Information muss über die Augen schnell zu erfassen sein. | Die Information ist nicht zu komplex und umfangreich. Der Inhalt ist klar gegliedert und mit wenig Aufwand aufzunehmen. |
| Reizverarbeitung | Die Information muss verständlich sein und mit bekannten Inhalten in Verbindung gebracht werden. | Die Information wird auf einem Abstraktionsniveau dargeboten, das auch in Stresssituationen von der Person sehr leicht entschlüsselt werden kann. |
| Umsetzung in Handlung | Die Information muss ausreichend sein (= alle wichtigen Informationen beinhalten). Die Information hat Einfluss auf das Handeln. | Es werden keine weiteren Hinweise (Erklärungen, Demonstrationen, Gesten) gegeben. Die Person orientiert ihre Handlung am Inhalt der Information und verhält sich entsprechend. |
| Handhabung der Organisationshilfe | Falls zutreffend: Der Informationsträger muss sachgemäß behandelt werden können. | Die Person benutzt die Organisationshilfe wie vorgesehen (z. B. entfernt verwendete Informationen, hakt Erledigtes ab, räumt das Material weg) – Training! Die Handhabung macht Spaß (Interesse am Umgang und/oder Material). |

## 2.4 Visuelle Hinweise für das eigene Handeln nutzen – das will gelernt sein!

Auch wenn Menschen mit einer autistischen Wahrnehmung häufig eine Stärke in der Verarbeitung visueller Informationen aufweisen, bedeutet dies nicht, dass sie automatisch visuelle Hinweise als solche erkennen und verstehen können. Wie neurotypische Menschen auch, müssen sie lernen, auf visuelle Hinweise zu achten und diese zu interpretieren. Hierbei ist es hilfreich, wenn bereits durch die Gestaltung der visuellen Informationen deren Aufnahme erleichtert wird. Dies lässt sich durch folgende Maßnahmen erreichen:

- **Reduzierung der Komplexität**: die Menge an Informationen beschränken
- **Übersichtlichkeit**: Informationen gruppieren (Zusammengehöriges in räumlicher Nähe zueinander anordnen; Unterschiedliches klar voneinander trennen)
- **Aufmerksamkeitslenkung**: Wichtige Informationen hervorheben, Unwichtiges weglassen

Auch wenn diese Strategien die Aufnahme von (visuellen) Informationen erleichtern, haben sie noch keinen Einfluss auf die Fähigkeit, visuelle Hinweise zu interpretieren und in Handlung umzusetzen. Das gilt es ausdrücklich zu lernen.

So kann beispielsweise einem Pfeil nur folgen, wer ihn als Richtungshinweis zu lesen gelernt hat. Auch mit Schablonen kann nur umgehen, wer gelernt hat, dass Punkte oder Markierungen einen Ort bezeichnen können, wo etwas abgelegt werden soll. Es ist das Ergebnis eines Lernprozesses, wenn jemand Striche als Trennlinie versteht, anhand von Rahmenlinien eine definierte Fläche erkennt, Zusammengehörigkeit aufgrund von farblicher Gestaltung erfasst oder Behälter als Aufforderung interpretiert, dort Gegenstände hineinzulegen. Ebenso muss zunächst einmal vermittelt werden, dass eine räumliche Anordnung als Reihenfolge verstanden werden kann (oben/links beginnen) oder dass die Abbildung eines Gegenstandes die Aufforderung beinhalten kann, etwas mit dem abgebildeten Objekt zu tun.

Im Rahmen übersichtlicher strukturierter Aufgaben und Übungen lassen sich diese und andere Hinweise oftmals gut vermitteln und deren Nutzung trainieren. Im Umgang mit klar strukturierten Materialien wird das Auge geschult, so dass die Umsetzung visueller Hinweise dann auch im Alltag leichter gelingt: Pfeile, die einem den Weg weisen; Teppichfliesen (oder Gullydeckel) als Markierung, wo man stehen soll; eine Linie auf dem Boden, um einen Bereich abzugrenzen; Bilder am Schrank, um anzuzeigen, wo welche Dinge zu finden sind.

Doch nicht nur das Erkennen und Interpretieren visueller Hinweise kann mithilfe strukturierter Aufgaben geübt werden. Auch der Umgang mit grundlegenden Formaten von Hilfsmitteln lässt sich in diesem Rahmen trainieren. Hierfür bieten sich Aufgaben an, bei denen zum Beispiel kleine Checklisten, Auftragskarten, bildliche Anleitungen, Schablonen oder visuelle Mengenangaben Verwendung finden. So lässt sich in einem überschaubaren Rahmen lernen, wie man mit einem Plan oder einer Zählhilfe umgeht. Diese Strategien können dann in den Alltag übertragen werden: So kann das individuelle Format einer Checkliste als Grundmuster für Pläne aller Art dienen, vom Kochrezept bis zum Tagesplan. Und mit einer Zählhilfe lassen sich nicht nur eine bestimmte Anzahl Klötze in eine Tüte verpacken, sondern auch die richtige Anzahl von Tellern aus dem Schrank holen oder die erforderliche Menge Kakao bemessen (z. B. fünf Teelöffel).

Natürlich müssen visuelle Hinweise nicht zwangsläufig zuerst im Rahmen strukturierter Aufgaben vermittelt werden. Dennoch sind solche Aktivitäten eine gute Möglichkeit, visuelle Orientierungs- und Organisationsfähigkeiten zu fördern. Einige Beispiele hierzu finden sich am Ende dieses Kapitels. In Bezug auf visuelle Strukturierungshilfen steht dabei der Erwerb grundlegender Handlungsmuster im Vordergrund. So geht es beispielsweise weniger darum, einen bestimmten Plan einzuüben, als vielmehr generell mit einem Plan umzugehen. Damit wird eine Basiskompetenz vermittelt, die ein Leben lang in vielen Bereichen des Alltags nutzbar ist. Das Erlernen des Umgangs mit visuellen Strategien ist niemals Selbstzweck!

**Abb. 2.1:** Gegenstände einräumen: Ein Behälter markiert einen Ort, wo etwas abgelegt wird.

**Abb. 2.2:** Stecker in die Löcher im Brett stecken: Die Anordnung des Materials nach der kulturell üblichen Leserichtung (links nach rechts) bietet Orientierung und unterstützt systematisches Handeln (links holen, rechts verarbeiten).

**Abb. 2.3:** Bunte Teile auf farbigen Flächen anordnen: Das Merkmal »Farbe« dient als Zuordnungsprinzip; die farblich abgesetzten Flächen definieren begrenzte Bereiche.

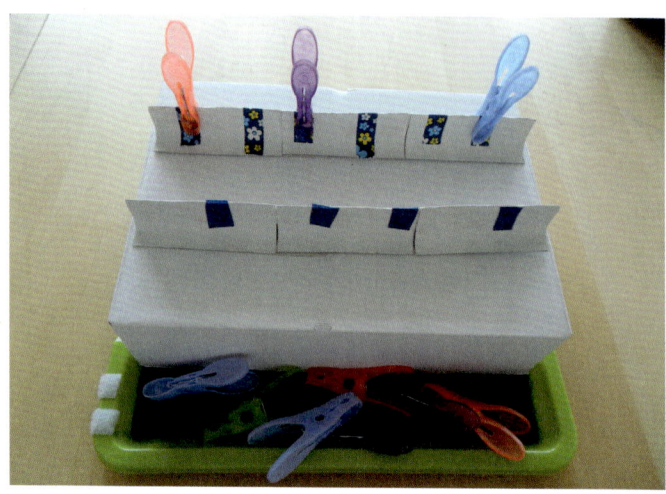

**Abb. 2.4:** Wäscheklammern auf Markierungen stecken: Striche markieren Orte, wo etwas platziert werden soll.

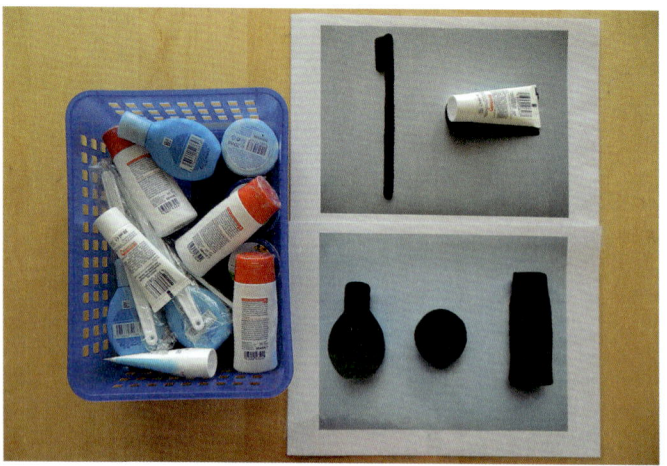

**Abb. 2.5:** Passende Gegenstände auf die Umrisse legen: Schablonen zeigen eine bestimmte Zusammenstellung von Objekten an.

**Abb. 2.6:** Anhand einer bildlichen Vorlage etwas bauen: Die Abbildung eines fertigen Produkts dient als Montageanleitung.

**Abb. 2.7:** Linsen bis zur jeweiligen Markierung in die Becher füllen: Ein Maßstrich definiert die Füllhöhe und begrenzt die Menge.

**Abb. 2.8:** Einen Papierflieger nach Vorlage falten: Bilder zeigen die einzelnen Handlungsschritte einer Tätigkeit an.

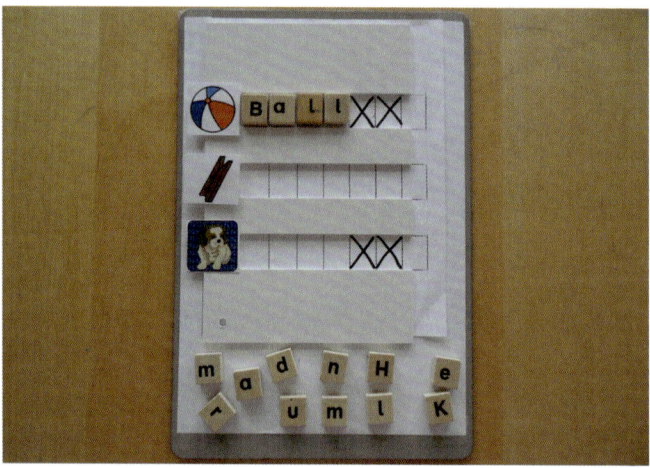

**Abb. 2.9:** Buchstaben im Wortlotto auf Felder legen, die nicht durchgestrichen sind: Eine Diagonale oder ein Kreuz kann auch »besetzt«/ »nicht hierhin« bedeuten.

**Abb. 2.10:** Sticker dahin kleben, wo die Pfeile jeweils hinzeigen: Das Symbol Pfeil weist mit seiner Spitze auf einen bestimmten Punkt hin (Ortsangabe, Richtungshinweis).

# 3 Praktische Tipps zur Gestaltung visueller Hilfen

Es gibt keine »richtigen« oder »falschen« visuellen Hilfen – letztendlich geht es immer nur darum, ob sie ihren Zweck erfüllen und hilfreich sind. Manche sind vielleicht effektiver als andere, praktikabler, leichter verständlich, einfacher zu handhaben. (Manche sind vielleicht überflüssig – daher immer prüfen, wer was braucht!) Letztlich kommt es immer auf den speziellen Einzelfall an, wenn es darum geht zu entscheiden, was angemessen ist und was »passt«. Daher braucht es stets individuelle und teils sehr kreative Lösungen! Die folgenden praktischen Tipps zur Gestaltung visueller Hilfen sollen bei der Umsetzung unterstützen.

Tipp 1:   Es müssen nicht immer Bilder sein!
Visuell ist alles, was man *sehen* kann – das gilt genauso gut für Schrift wie für Gegenstände! Visuelle Informationen können

ganz unterschiedlich dargestellt werden. Dabei kommt es nicht darauf an, das höchste Abstraktionsniveau zu wählen, das die Person bewältigen kann. Am besten verwendet man dasjenige, das die Person (auch und gerade in stressigen Situationen) am leichtesten und schnellsten lesen kann! Hierbei ist es vollkommen in Ordnung, wenn man die Niveaus mischt (also zum Beispiel am selben Plan schriftliche Hinweise für das eine und Bilder oder Gegenstände für das andere verwendet).

**Arten, wie sich eine visuelle Information darstellen lässt:**
- Funktionales Objekt = Gegenstand, der in der bezeichneten Aktivität/Situation verwendet wird
- Stellvertretendes Objekt = Gegenstand, der für die bezeichnete Aktivität/Situation steht, aber nicht selbst benutzt wird
- Miniatur = kleines stellvertretendes Objekt
- Teil eines Gegenstands = markanter Bestandteil eines Gegenstands aus der bezeichneten Aktivität/Situation
- Konkretes Foto (Abbildung genau des Objekts, der Person oder Situation, auf die hingewiesen wird)
- Allgemeines Foto (Darstellung eines ähnlichen Objekts oder von Aspekten einer ähnlichen Situation wie der, auf die hingewiesen wird)
- Zeichnung
- Schematische Abbildung/Piktogramm
- Schrift

Tipp 2:   Kombination von Bild und Schrift – auf allen Ebenen hilfreich!

Wenn man mit Bildkarten arbeitet, ist es immer hilfreich, auch die Bedeutung des bildlichen Hinweises darunter zu schreiben. Zum einen weiß man ja nie, ob die Person mit ASS nicht doch auch auf die Schrift achtet und das Wort lesen lernt. Zum anderen sind die Bilder nicht unbedingt selbsterklärend. Schließlich muss die Bedeutung eines bildlichen Hinweises zunächst festgelegt werden. Am Foto eines Kissens kann man beispielsweise nicht ohne weiteres erkennen, worauf es hinweisen soll. Steht aber darunter:»Pause« oder»Sofa«, so wird die Botschaft klarer. Dann können auch neue Bezugspersonen die Hinweise nutzen und die passenden Begriffe verwenden.

Wenn man gegenständliche Hinweise einsetzt, ist es natürlich schwierig, sie mit Schrift zu versehen – zumal, wenn es sich um funktionale Objekte handelt, die in der Aktivität tatsächlich benutzt werden. Es ist jedoch sinnvoll, eine Liste der gegenständlichen Hinweise anzulegen, die eine Person verwendet oder versteht. In dieser Liste sollten die Gegenstände aufgeführt sein sowie die Bedeutung, die jedes Objekt hat. Sie sollte gut zugänglich an einem zentralen Ort aufbewahrt werden, damit Bezugspersonen im Bedarfsfall schnell darauf zugreifen können.

### Tipp 3: Es müssen nicht immer teure Piktogramme sein!

Wer mit Piktogrammen arbeiten möchte, kann auf Symbolsammlungen zurückgreifen, die kommerziell zu erwerben sind. Besonders verbreitet sind die»Boardmaker Software« von Mayer-Johnson sowie die»Metacom Symbole« von Annette Kitzinger. Eine günstige Alternative bietet die Freeware»Picto-Selector« (www.pecsforall.com) mit Zugriff auf über 28.000 Piktogramme, an denen man sich kostenlos bedienen kann. Das Programm besitzt eine einfache Suchfunktion und erlaubt es darüber hinaus, die ausgewählten Bilder direkt in Word oder ähnliche Programme zu exportieren.

Tipp 4:   Bei Fotos auf den Hintergrund achten!

Mit den heutigen technischen Mitteln sind Fotos schnell und unkompliziert erstellt. Dennoch ist ein Foto nicht immer geeignet. Personen mit einer autistischen Wahrnehmung fällt es oft schwer, das Wesentliche herauszufiltern. Dinge, die im Hintergrund abgebildet sind (z. B. Muster der Tapete, Deckenlampe, Lichtschalter, herumliegende Gegenstände) können von dem Motiv ablenken, um das es eigentlich geht. Daher sollte man darauf achten, dass das Motiv groß und klar im Vordergrund des Bildes zu sehen ist und möglichst nichts anderes im Hintergrund ablenkt. Manchmal ist es eine gute Idee, das Motiv auszuschneiden und auf einen neutralen Hintergrund zu kleben.

Tipp 5:   Bild oder Umriss – individuelle Aufmerksamkeitsmuster berücksichtigen!

Nicht selten trifft man auf Personen mit ASS, die Puzzleteile zusammensetzen, nachdem sie diese mit der Rückseite nach oben gedreht haben. Sie orientieren sich nur an der Form der Teile, nicht aber an der Abbildung des Motivs. Wenn jemand aber seine Aufmerksamkeit mehr auf den Umriss eines Bildes und weniger auf den Inhalt richtet, wird er es schwerer haben, Informationen aus gleichförmig viereckigen Bildkarten zu entnehmen. Ist dies der Fall, kann es hilfreich sein, wenn unterschiedliche Hinweise sich auch in der Form unterscheiden. Um die Informationsaufnahme und -verarbeitung zu erleichtern, kann man die Motive in ihrem Umriss ausschneiden, so dass auf einen Blick deutlich wird, dass es sich um verschiedene Inhalte handelt.

Tipp 6:   Die Informationsaufnahme durch Übersichtlichkeit erleichtern!

Zur Übersichtlichkeit tragen oft kleine Elemente der Gestaltung bei, die eine große Wirkung haben, da sie helfen, die Aufmerksamkeit auf das Wesentliche zu lenken. So kann ein *Trennstrich* zwei Gegenstände klar voneinander abgrenzen und helfen, sie als einzelne Teile wahrzunehmen. Objekte oder Hinweise, die in *Gruppen* angeordnet sind, lassen sich leichter als zusammengehörig erkennen. Dies kann durch einen *Rahmen* noch unterstützt werden. Eine *farbliche Hervorhebung* einer wichtigen Stelle – zum Beispiel, wo etwas hinkommt oder getan werden soll – zieht die Aufmerksamkeit auf sich und regt an, sich damit zu beschäftigen. Grundsätzlich gilt: Überflüssiges weglassen und Wesentliches hervorheben!

### Tipp 7:   Auf bekannte Formate zurückgreifen!

Es ist immer gut, bei neuen Herausforderungen auf Bekanntes zurückzugreifen. Kann eine Person mit ASS eine visuelle Strategie oder eine bestimmte Form von Hilfsmittel nutzen, so sollte diese Strategie in unterschiedlichen Situationen fruchtbar gemacht werden.

Ein Beispiel: Jemand ist in der Lage, einem Plan von oben nach unten zu folgen, indem er einen Hinweis nach dem anderen umsetzt und jeweils anschließend in einen Behälter legt. Dasselbe Format lässt sich nun verwenden, um ein Kochrezept zu gestalten, den Ablauf der Abendhygiene im Bad zu verdeutlichen oder die Reihenfolge der Übungen in einer Turnstunde zu vermitteln.

In einem anderen Fall hat jemand gelernt, etwas so lange zu tun, bis alles Material verbraucht ist. Mit dieser Form der Strukturierung lässt sich der zeitliche Rahmen für verschiedenste Tätigkeiten bemessen: So lange baden, bis alle Schwammtiere »gefangen« und ausgedrückt sind und im Eimer abgelegt wurden; so lange warten, bis der Faden durch alle Löcher im Brett gefädelt ist; so lange abwaschen, bis der Tellerstapel weg ist und die Teller auf dem Abtropfrost stehen.

Tipp 8:    Informationen dort bereithalten, wo die Fragen entstehen!
Visuelle Hilfen sollten nicht nur leicht zu verstehen sein, sondern auch einfach zu handhaben. Am besten sind sie direkt zugänglich, sobald ein Problem auftaucht oder Fragen entstehen. Besser als umfangreiche Nachschlagewerke, die sich an einem zentralen Platz befinden, sind einzelne und gezielte Hinweise vor Ort. Das heißt: Lieber mehrere kleine Pläne und situationsbezogene Orientierungshilfen anbieten anstatt einen komplexen »Masterplan«, der zwar viele Informationen beinhaltet, aber einen höheren Aufwand in der Bedienung erfordert. Je umständlicher die Handhabung einer Hilfestellung, desto geringer ist die Motivation, sie tatsächlich zu nutzen!

Tipp 9:    Visuelle Hinweise für »Information« und »Kommunikation« unterschiedlich kennzeichnen!
Allein am Material selbst kann man nicht ohne weiteres erkennen, welche Funktion ein visueller Hinweis hat. Da aber die Funktion den Umgang mit dem Material bestimmt, ist es sinnvoll, am Material zu kennzeichnen, wofür es gedacht ist. Besonders relevant wird dies, wenn man mit Bildkarten arbeitet:
Bildkarten, die auf einem *Plan* befestigt sind, dienen der *Information*. Diese dürfen nicht einfach von der Person mit ASS ausgetauscht, abgenommen oder umsortiert werden. Der Plan gibt Auskunft darüber, wie etwas ablaufen wird oder zu machen ist – er bietet objektive Fakten und klärt über Vorgaben auf. Bildkarten auf einem *Auswahlbrett* oder in einem *Kommunikationsbuch* dagegen sind dazu gedacht, dass die Person mit ASS sich einzelne Karten aussucht und zur *Kommunikation* verwendet. Hier geht es gerade nicht um Vorgaben, sondern um Mitbestimmung!
Es kann sinnvoll sein, den Unterschied deutlich zu machen, wann es sich um eine »Plankarte« handelt – also um einen

Hinweis, den man zur Kenntnis nimmt – und wann es sich um eine »Kommunikationskarte« handelt – also um ein Signal, mit dem man Einfluss nehmen und dem Anderen etwas mitteilen kann. Dies lässt sich durch unterschiedliche Farbgebung erreichen (z. B. farbiger Rahmen) oder indem man die verschiedenen Arten von Karten durch ihre Größe und Form voneinander abgrenzt.

### Tipp 10: Raues Klett an bewegliche Teile!

Es gibt viele Möglichkeiten, visuelle Hinweise an einem geeigneten Ort zu befestigen (z. B. anklammern, ankleben, aufhängen, mit Magnet anhaften). Vielfach wird hierzu auch Klettband verwendet, das aus Flausch- und Hakenband besteht. Es empfiehlt sich, die beweglichen Teile, die man auf einem Untergrund (Buchseite, Plan oder dergleichen) befestigen möchte, mit dem *rauen* Klett zu versehen, denn die Teile haften dann auch auf anderen flauschigen Flächen (z. B. Teppichfliese, Filzwand, Stofftasche). So kann man viel Flauschband sparen und ist zudem flexibler.

# 4 Selbstständigkeit im Alltag unterstützen: Visuelle Strategien in der Praxis

Erfolgreiches Handeln setzt Wissen und Planung voraus. Um seine Handlung zu organisieren, muss man wissen, *was* zu tun ist, *wie* das geht, *wer* beteiligt ist und wer welche Aufgabe hat. Man muss wissen, *wann* und *wo* das Ganze stattfinden soll und *wie lange* es dauern darf, wo Sachen sind, die man braucht, und auf welchen Wegen man dorthin gelangt. Das Wissen, *warum* es sich lohnt oder warum es erforderlich ist etwas zu machen, kann ebenfalls sehr hilfreich sein. Wenn man die Antworten auf diese Fragen nicht kennt, muss man sich informieren. Ist niemand da, der es einem sagt, helfen Hinweise, die man lesen kann. Das gilt auch für den Fall, dass jemand die Informationen immer wieder vergisst oder durcheinanderbringt.

Die folgende Ideensammlung bietet viele Beispiele, wie sich visuelle Strategien im Alltag zur Förderung der Handlungsorganisation und Selbstständigkeit einsetzen lassen. Zur besseren Übersicht ist sie in sechs Bereiche gegliedert, entsprechend den Fragen, die mithilfe der visuellen Information beantwortet werden. Obwohl natürlich Beispiele in der Regel nicht eins zu eins übernommen werden können, sollen sie doch dazu anregen, kreative Lösungen für die eigene Praxis zu entwickeln.

## 4.1 Lass mich sehen: Wer?

Lediglich der Hinweis auf eine bestimmte Aktivität sagt nicht notwendigerweise auch etwas darüber aus, wer sie ausführen soll und mit wem. Daher braucht es oft explizite Hinweise zum *sozialen* Aspekt einer Aktivität oder Situation. Diese informieren darüber, welche Personen beteiligt sind (oder welche nicht), wer wofür zuständig ist oder auf wen sich die Handlung bezieht. Auch Hinweise, aus denen hervorgeht: »Mach's allein!«, gehören in diese Kategorie.

**Abb. 4.1.1:** Der »Wer-ist-dran?«-Plan zeigt an, wer wann an der Reihe ist und wie lange man noch warten muss, bis man selbst drankommt.

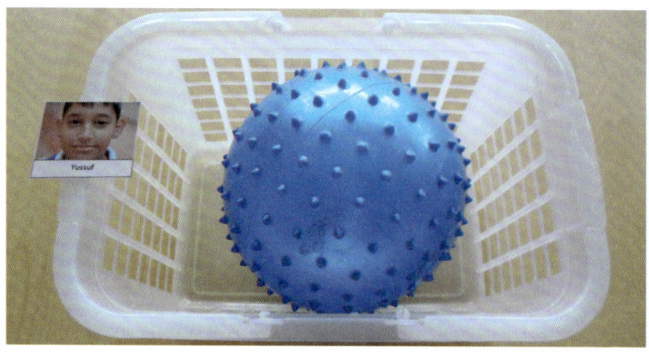

**Abb. 4.1.2:** Bei einer Partneraktivität weist das Foto auf dem Korb mit dem Ball darauf hin, wer der Spielpartner ist.

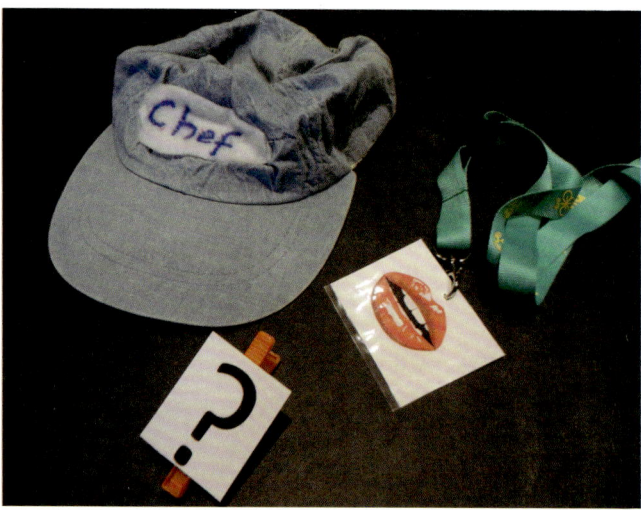

**Abb. 4.1.3:** Kennzeichen für bestimmte Personen: Die Klammer mit dem Fragezeichen markiert die Person, an die man sich wenden kann, wenn man Fragen hat. Das Schlüsselband mit dem Mund zeigt an, wer der Erzähler ist. Der Träger der Chefkappe ist die Person, auf die man jetzt achten und hören muss.

**Abb. 4.1.4:** Die Fotos auf dem Dienstplan informieren darüber, wer heute im Dienst ist. Die Fotos auf der roten Fläche zeigen an, wer heute nicht kommt.

**Abb. 4.1.5:** Das Foto neben dem Bus gibt Auskunft darüber, wer heute den Schulbus fährt.

**Abb. 4.1.6:** Das Foto von Papa neben dem Bild der Zahnbürste zeigt an, dass Papa heute die Abendroutine macht.

**Abb. 4.1.7:** Jeder zieht ein Teil aus dem Beutel. Wer das passende Puzzleteil hat, darf Erster sein!

**Abb. 4.1.8:** Am »selbstständigen Arbeitsplatz« soll allein gearbeitet werden. Deshalb steht nur ein Stuhl an diesem Platz. Hier ist zudem der Tisch gegen eine Wand gerichtet, so dass durch die räumliche Gestaltung deutlich wird: Bei dieser Aktivität habe ich kein Gegenüber, hier beschäftige ich mich allein.

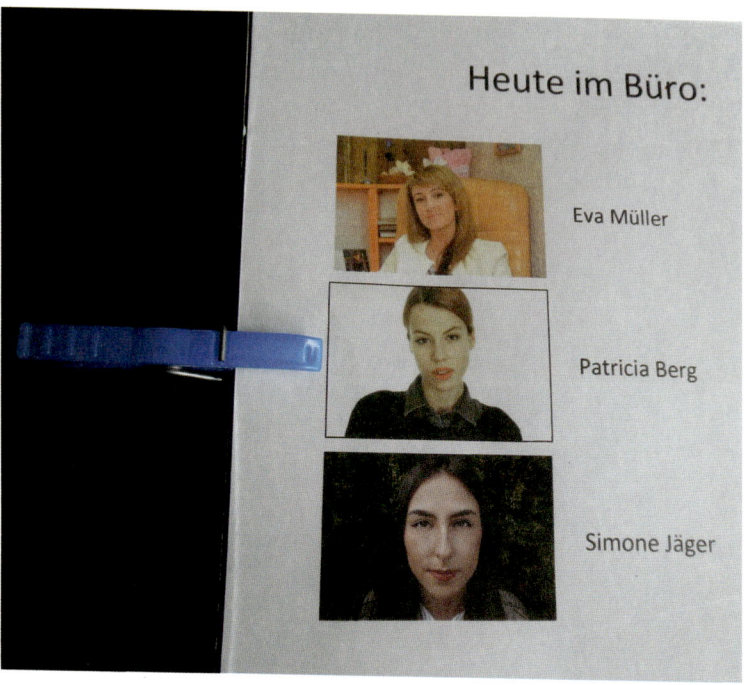

**Abb. 4.1.9:** Die Klammer markiert das Foto der Person, die hinter der Tür anzutreffen ist. Das kann hilfreich sein, wenn sich mehrere Leute einen Raum teilen und man nicht vorhersagen kann, wer ihn gerade nutzt.

**Abb. 4.1.10:** Auf dem Plakat kann man sich informieren, wer heute an der Spielegruppe teilnimmt. Dies ist besonders wichtig, weil es immer wechselnde Teilnehmer sind und es hilfreich ist zu wissen, auf wen man sich einstellen muss.

## 4.2 Lass mich sehen: Wo? Wohin?

Personen mit ASS fällt es oft schwer, Zusammenhänge zu erkennen und einzelne Details so miteinander in Verbindung zu bringen, dass sie ein Gesamtbild ergeben. »Unsichtbare Verbindungen«, die für andere offensichtlich sind, entgehen ihnen häufig (z. B. dass ein Stuhl an einem Tisch markiert, wo ein »Platz« ist und somit anzeigt, wo ein Gedeck aufgelegt werden soll). Es ist

daher oft hilfreich, räumliche Zuordnungen durch visuelle Strukturierung hervorzuheben und kenntlich zu machen. Die in diesem Bereich eingesetzten Hinweise geben Antwort auf die Fragen:
a) Wo ist wessen Platz?/Wo ist mein Platz?
   (Räumliche Zuordnung von Personen)
b) Wo ist was?/Wo gehört was hin?
   (Räumliche Zuordnung von Dingen)
c) Wo findet was statt? (Räumliche Zuordnung von Aktivitäten)

Informationen zu räumlichen Aspekten lassen sich mithilfe von bildlichen und schriftlichen Ortsbezeichnungen, Markierungen und Begrenzungen vermitteln. Klar definierte und überschaubare Bereiche helfen, sich räumlich zurechtzufinden. Aber auch die Auswahl der Gegenstände, die sich in einem Bereich befinden, kann der Orientierung dienen: So lässt sich an der Bücherkiste vor und den Bücherregalen neben dem Sofa erkennen, dass es sich um die Leseecke handelt. Ein Schreibtisch mit Büromaterialien und einem Computer markiert einen anderen Bereich als ein Esstisch mit Gedecken. Hierbei ist es dann wichtig, Unordnung zu vermeiden und darauf zu achten, dass die vorhandenen Gegenstände in der jeweiligen Situation eindeutig auf die entsprechende Aktivität hinweisen.

Neben der Frage: »Wo ist mein Platz? Wo soll ich mich aufhalten?« drängt sich auch oft die Frage auf: »Wie komme ich dahin?« Wem es schwer fällt, sich zu orientieren und einen Weg allein zu bewältigen, kann auch hier von visueller Unterstützung profitieren. Während ein Navigationsgerät ein sehr komplexes Hilfsmittel ist, lassen sich auch sehr einfache Hilfen gestalten. Diese reichen von Lageplänen über Laufzettel mit Stationen zum Abhaken bis hin zum »Einchecken« am Zielort. Beim »Einchecken« nimmt die Person einen Gegenstand mit, der auf das Ziel hinweist, und legt ihn an einem bestimmten Ort ab, wenn sie angekommen ist.

**Abb. 4.2.1:** Kleiderstapel fallen oft um und schnell ist nicht mehr eindeutig, wo im Kleiderschrank was zu finden ist. Ordnung bieten Körbe, in denen Unterwäsche, Socken und kleinere Wäschestücke aufbewahrt werden. Die Bilder an den Körben zeigen an, wo was hingehört.

**Abb. 4.2.2:** Im Schuhregal hat jedes Paar Schuhe einen Platz auf einem Tablett. Das Tablett ist wie ein Behälter, in den etwas eingeräumt werden soll. Durch den erhöhten Rand des Tabletts wird deutlich, welche Schuhe zusammengehören.

**Abb. 4.2.3:** Die Hausschuhe eignen sich für eine Person, die gemalte Markierungen (Fußabdrücke) nicht erkennen kann. Sie dienen als konkreter Hinweis dafür, wo die Füße abgestellt werden sollen.

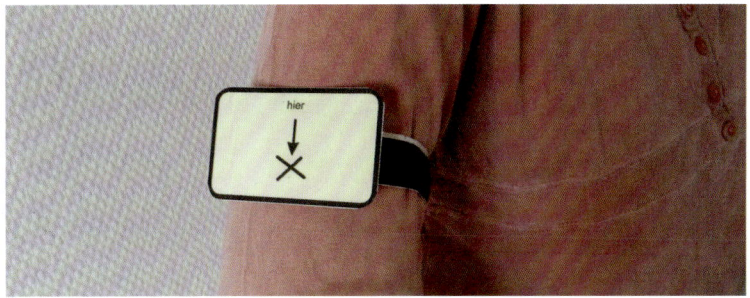

**Abb. 4.2.4:** Auf einer Armbinde zeigt ein visueller Hinweis an, wo eine Berührung angemessen ist (z. B. Antippen, wenn man die Aufmerksamkeit der Person erregen möchte).

**Abb. 4.2.5:** Der Pausenbereich ist mit Piktogrammen markiert (Holzständer auf dem Couchtisch, Stuhllehne am Freizeittisch). Der Bereich ist an den Seiten durch Wände bzw. Möbel begrenzt; auch der Teppich definiert den Pausenbereich räumlich.

67

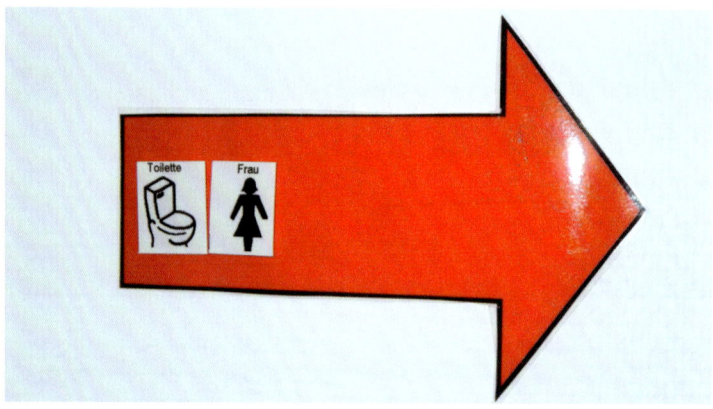

**Abb. 4.2.6:** Ein Pfeil weist den Weg zur Toilette.

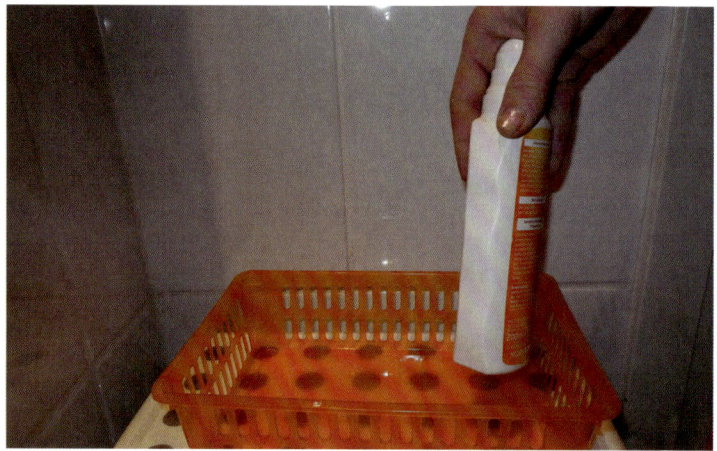

**Abb. 4.2.7:** Als Hinweis auf die Toilette, wo die Windel gewechselt wird, nimmt das Kind eine Pflegelotion mit zum Toilettengang. Dort angekommen, legt es die Lotion in einen Korb neben der Tür. Sie wird beim Windelwechsel verwendet. Die Lotion bekommt somit die Bedeutung »Toilette« und kann auch später noch verwendet werden, wenn das Kind keine Windeln mehr trägt.

**Abb. 4.2.8:** Diese Karte mit einem Piktogramm für »Garten« kann mit in den Garten genommen und dort in einem Kästchen abgelegt werden. So kann man sich auch draußen »einchecken«.

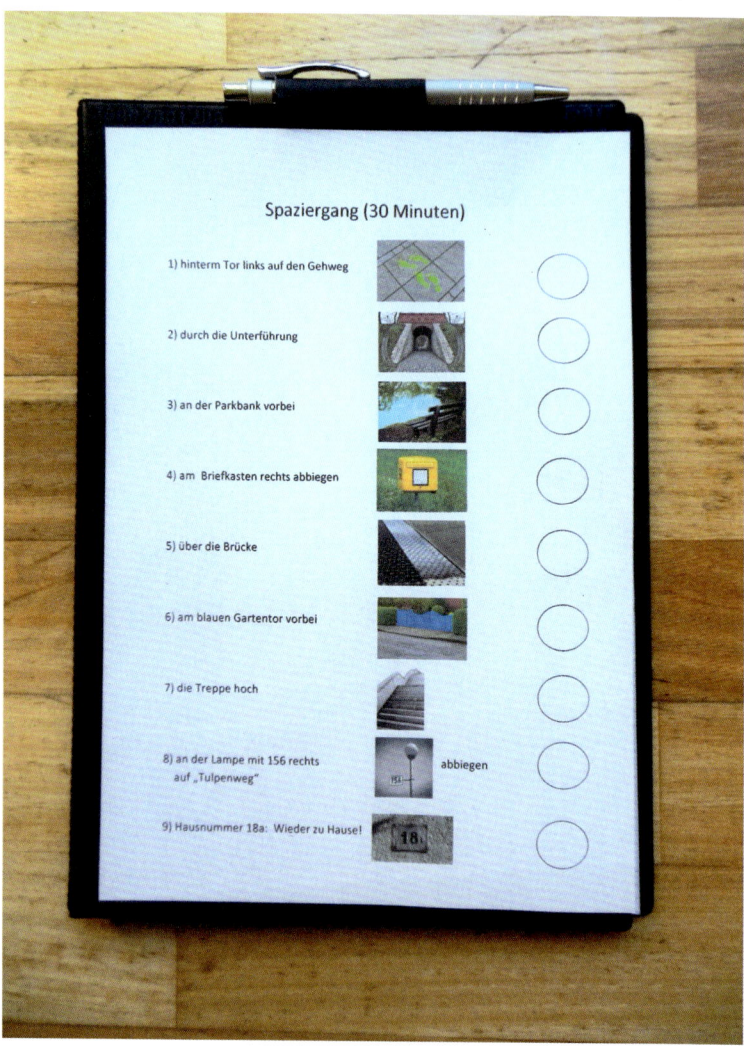

**Abb. 4.2.9:** Mit diesem Laufzettel wird ein Spaziergang strukturiert: Die Person geht an den bezeichneten Stationen vorbei und hakt sie ab, sobald sie sie erreicht. Am Ende kommt sie wieder zuhause an.

**Weitere Ideen:**

• *Visuelle Hinweise auf den Schranktüren* zeigen an, wo sich welche Dinge in der Küche befinden. Nicht immer ist eine besondere Form der Gestaltung erforderlich. Personen, die lesen können, profitieren häufig von unauffälligen schriftlichen Hinweisen, wie sie allgemein üblich sind. Für Personen, die nicht lesen können oder schriftliche Hinweise nicht umsetzen, kann man Bilder oder Miniaturen nutzen. Es ist sinnvoll, die Hinweise so zu befestigen, dass man sie ohne viel Aufwand wieder lösen und versetzen kann; so bleibt man flexibel und kann die Ordnung im Schrank auch mal verändern.

• *Markierung durch bedeutungsvolle Gegenstände:* Der eigene Sitzplatz am Tisch ist durch die besonders gestaltete Lieblingstasse gekennzeichnet, die sich von allen anderen Tassen des Essgeschirrs unterscheidet. Zudem markiert ein Sitzkissen den Stuhl, auf den sich die Person setzen soll. Wenn der Platz visuell markiert ist, kann man die Sitzordnung am Tisch leichter verändern oder gar deutlich machen, wenn die Person mal an einem ganz anderen Tisch sitzen soll.

## 4.3 Lass mich sehen: Wann? Wie lange?

Auch zeitliche Zusammenhänge sind für Menschen mit ASS oft schwer zu erkennen. Probleme bestehen zum einen im Hinblick auf die *zeitliche Anordnung* von Ereignissen (Bilden von Reihenfolgen). Zum anderen fällt es vielen schwer, die *Dauer* einer

71

Aktivität abzuschätzen und die Sicherheit zu entwickeln, dass etwas auch wieder enden wird (Zeitgefühl). Für beide Aspekte der zeitlichen Orientierung können visuelle Hilfen effektive Unterstützung bieten. Die Fragen, die dann durch die Hinweise beantwortet werden, lauten:
a) Wann passiert was?
b) Wie lange dauert das?

Die erste Frage bezieht sich auf Informationen über einen Zeitpunkt. Dies kann eine Uhrzeit sein, aber auch eine Information darüber, an welcher Stelle innerhalb einer Abfolge das Ereignis eingeordnet ist (z. B. »Erst kommt Bus fahren, dann spazieren, dann Eis essen«). Wissen über den Zeitpunkt ist eine Voraussetzung dafür, zur richtigen Zeit aktiv zu werden und sich pünktlich einzufinden. Es ist aber auch die Voraussetzung dafür, auf etwas warten zu können. Bevor man jedoch längere Abfolgen zu überblicken lernt, ist es erst einmal wichtig zu verstehen: Was kommt jetzt? Orientierung im Augenblick (»jetzt«) ist die Basis für Orientierung bezüglich späterer Ereignisse.

Neben Informationen zu inhaltlichen Abfolgen ist zudem immer auch ein ganz spezieller Zeitpunkt von besonderer Bedeutung: Der Moment, wenn etwas *fertig* ist. Für eine Person, die »fertig« nicht ohne weiteres erkennt, kann ein klares Kennzeichen hilfreich sein, das anzeigt: »Das ist jetzt beendet!« Eine eindeutige (Zeit-)Grenze bietet Orientierung. Sie hilft, eine Situation abzuschließen, und definiert zugleich den Beginn der nächsten.

Die zweite Frage betrifft die Zeitdauer. Hier bedarf es eines Maßes für Zeit, das die Person mit ASS nachvollziehen kann. Gerade, wenn sie kein intuitives Zeitgefühl entwickelt hat, muss das Maß verständlich und verlässlich sein. Da helfen verbale Bezeichnungen in der Regel wenig. Wörter für zeitliche Spannen wie: »fünf Minuten«, »gleich«, »später« oder »bis heute Abend« bleiben oft leere Worthülsen, welche die Betreffenden zwar (nach-)sagen können, ohne jedoch eine Zeitvorstellung damit zu verbinden. Daher bieten sich auch hier wieder visuelle Hilfen an, welche die Zeitmenge optisch darstellen und bei denen man das Vergehen von Zeit mit den Augen verfolgen kann.

Die einfachste Variante hiervon ist die Menge des konkreten Materials, das im definierten Zeitraum zu verbrauchen ist: Wenn alles weg ist, ist die Zeit um! Dasselbe Prinzip liegt auch allen abstrakteren Zeitmessern zugrunde: Die Menge in der Sanduhr repräsentiert die Menge der vorhandenen Zeit. Die andersfarbige Fläche einer visuellen Uhr (z. B. TimeTimer®) zeigt an, wie viel Zeit zur Verfügung steht. Die Anzahl der Plättchen auf einem Counter (Zähler) gibt vor, wie viele Wiederholungen eines bestimmten Ereignisses noch auftreten müssen, bevor etwas zu Ende ist. Wenn alles weg ist (Sand, farbige Fläche, Plättchen), ist der Zeitraum vorbei!

Dies ist eine Auswahl konkreter Strategien, die sich im Alltag bewährt haben:

### »Transition Table«

Auf einem zentral im Raum stehenden Tisch liegt der Hinweis auf die nächste Aktivität. Er besteht z. B. aus einem Gegenstand, der mitgenommen und bei der Aktivität verwendet wird. Ist die Aktivität beendet, holt sich der Betreffende den nächsten Hinweis am Tisch. So gelingt der Übergang (»Transition«) von einer Aktivität zur anderen ohne enge Begleitung. Zudem ist der Grundstein für den selbstständigen Umgang mit einem Plan gelegt: Die Person hat die Routine entwickelt, sich am Ende einer Aktivität an einem bestimmten Ort darüber zu informieren, wie es weitergeht. Unter dem Tisch werden die Gegenstände für die Bezugsperson griffbereit aufbewahrt. (▶ Abb. 4.3.1)

73

**Abb. 4.3.1:** Der Transition Table

**»Jetzt-Kiste«**

In einer Kiste befindet sich der Hinweis für die kommende Aktivität. Anfangs brachte die Bezugsperson die Kiste zur Person mit ASS, damit sie sich den Hinweis herausnehmen konnte. Jetzt hat die Kiste im Zimmer des Betreffenden, wo er sich am meisten aufhält, einen festen Platz. Die Person mit ASS geht selbstständig hin und holt sich die Information (▶ Abb. 4.3.2). Hinweis: Die Begriffe »Transition Table« oder »Jetzt-Kiste« beschreiben *Formate* von Plänen. Wenn man die Person mit ASS anleitet und die Benutzung dieser Systeme einübt, sollte man angemessene Formulierungen wählen, z. B.: »Schau nach: Was nun?« Es kann auch sinnvoll sein, das Wort auf der Kiste entsprechend anzupassen: »Nun«.

**Abb. 4.3.2:** Die »Jetzt-Kiste«.

### Rahmen für den aktuellen Hinweis

Auch wenn es sich nur um einen einzelnen Hinweis handelt, muss dieser nicht zwangsläufig ein funktionaler Gegenstand sein. Eine Karte mit Bild und/oder Schrift kann dieselbe Funktion erfüllen. An einer Tafel kann die Bezugsperson zum Beispiel ein Bild in einen Rahmen heften, um auf die aktuell anstehende Aktivität aufmerksam zu machen. Dann kann sich die Person mit ASS zu gegebener Zeit hier selbst informieren (1) (▶ Abb. 4.3.3).

Der Rahmen für den aktuellen Hinweis lässt sich später gut mit einem längeren Plan kombinieren. In diesem Beispiel benutzt die Person mit ASS ihren Plan, indem sie selbst vor einer Aktivität den entsprechenden Hinweis in das Feld »Jetzt:« setzt. Nach Ende der Aktivität entfernt sie die Karte und steckt sie in den »Fertig-Umschlag«. Dann wird das Jetzt-Feld neu bestückt. (2)

75

Mithilfe eines versetzbaren Rahmens (Befestigung z. B. mit Klett oder Klammer) lässt sich auch an einem längeren Plan die jeweils aktuelle Information hervorheben. So wird auf einen Blick deutlich, was »jetzt« dran ist! (3)

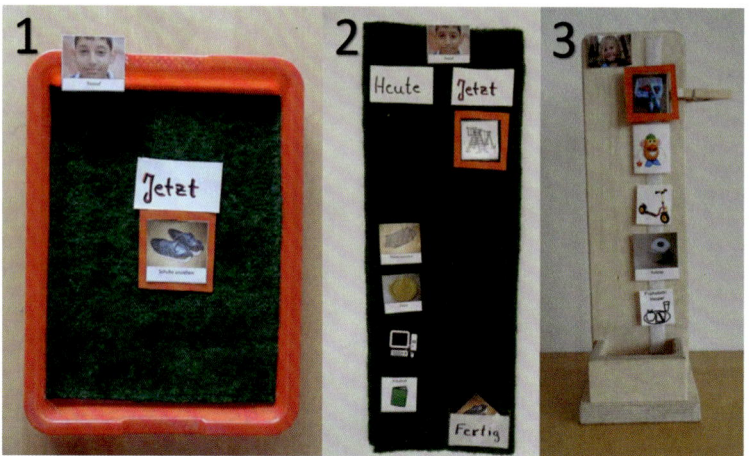

**Abb. 4.3.3:** Markierung des aktuellen Hinweises durch einen Rahmen (einzeln sowie in längeren Plänen)

### »Erst-Dann-Karte«

Hierbei handelt es sich um einen kurzen Plan, der einen Überblick über die nächsten beiden Ereignisse bietet. Die Karte eignet sich für Personen, die sich für Zukünftiges interessieren und Informationen darüber benötigen, aber längere Abfolgen noch nicht überblicken können. Auf der Rückseite der Karte befindet sich ein Umschlag mit Bildkarten, die zum Einsatz kommen könnten. Eine »Erst-Dann-Karte« kann aber auch gut *ergänzend* zu einem umfassenderen Plan eingesetzt werden, um eine konkrete Situation durchschaubar zu machen. Zum Beispiel weist ein Tagesplan auf die Aktivität »Ausflug zum Eiscafé« hin. Anhand der

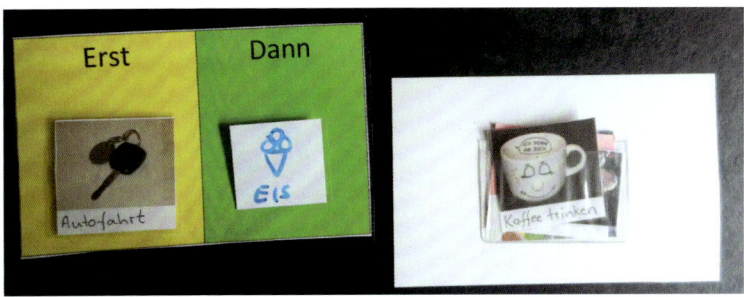

**Abb. 4.3.4:** Die »Erst-Dann-Karte« (mit Einstecktasche für einen Vorrat an Bildhinweisen auf der Rückseite)

»Erst-Dann-Karte« wird im Zusammenhang mit dem Ausflug dann die Situation an der Garage strukturiert: Erst Auto fahren, dann Eis essen! (▶ Abb. 4.3.4)

### Plan aus Objekten
Auch ein längerer Plan kann aus Objekten bestehen! Neben dem Plan-Regal hängt eine Liste für die Betreuungspersonen, damit sie wissen, welche Gegenstände welche Bedeutung haben. Alle Hinweise für den Plan werden leicht zugänglich in der Kiste neben dem Plan aufbewahrt (▶ Abb. 4.3.5).

### Menge des Materials
Die Dauer einer Aktivität lässt sich durch die Menge des Materials anzeigen. Eine mögliche Anwendung im Alltag: Das Baden dauert noch so lange, bis alle Schwämme eingesammelt, ausgedrückt und in der Schüssel abgelegt wurden (▶ Abb. 4.3.6).

### Time Timer®
Der im pädagogischen Fachhandel erhältliche Time Timer® zeigt durch seine rote Fläche an, wie viel Zeit noch übrigbleibt, und beantwortet somit die Frage: »Wie lange noch?« Er ist für

**Abb. 4.3.5:** Plan aus Objekten

**Abb. 4.3.6:** Zeitdauer anzeigen durch Material, das verwendet wird: Badezeit dauert so lange, wie noch Schwämme im Wasser schwimmen.

Personen geeignet, die in der Lage sind, die abstrakte Bedeutung der roten Fläche zu erfassen und auf ihre aktuelle Tätigkeit zu beziehen. Im Internet finden sich Anleitungen, wie man diese Uhr kostengünstig selbst herstellen kann (z. B. www.kreativ¬ zauber.de). Den Time Timer® gibt es auch als App für I-Phone und Android (▶ Abb. 4.3.7).

**Abb. 4.3.7:** Der Time Timer®

### Counter (Zähler)

Nach einem vergleichbaren Prinzip funktioniert auch ein Counter (Zähler). Dieser zeigt an der Leiter einer Rutsche an, wie lange »Rutschen« noch dauert: Jedes Mal, bevor das Kind die Leiter hochklettert, entfernt es ein Plättchen und wirft es in den Beutel. Wenn alle Plättchen weg sind, ist das Rutschen fertig! (▶ Abb. 4.3.8).

**Abb. 4.3.8:** Ein Counter an der Rutsche

**Weitere Ideen:**
Ganz eindeutig wird der Zeitpunkt für »Fertig« markiert, wenn man das benutzte Material weglegt. Hier kommt häufig das Konzept vom »**Fertigkorb**« zum Einsatz: Eine Aktivität ist ganz offensichtlich beendet, wenn das Material in dem dafür vorgesehenen Korb oder Behälter liegt. Dieser Behälter kann zur Verdeutlichung ausdrücklich gekennzeichnet werden (z. B. mit dem Wort »Fertig«). Somit kann die Bezugsperson eindeutig vermitteln, dass jetzt eine Aktivität zu Ende ist, indem sie das Material vor den Augen der Person mit ASS in die Fertigkiste legt. Andersherum kann aber auch die Person mit ASS der Bezugsperson über dieses Signal mitteilen, wenn sie eine Aktivität beenden möchte.

## 4.4 Lass mich sehen: Was ist zu tun?

Diese Situationen sind Alltag: Man findet sich zu einer bestimmten Zeit an einem bestimmten Ort ein und soll nun aktiv werden. Da stellt sich die Frage: »Was soll ich hier tun?« Dann ist es gut, wenn man nachschauen kann, welche Aufgaben oder Tätigkeiten anstehen. Entsprechend geht es in diesem Bereich um Art und Weisen, wie man Informationen über die zu erledigenden Aufgaben vermitteln kann. Dies ist besonders wichtig, wenn es sich um mehrere Arbeitsaufträge handelt (also um ein bestimmtes Pensum). Außer dem Hinweis, was und wie viel zu tun ist, braucht es häufig auch Informationen darüber, in welcher Reihenfolge die Tätigkeiten erledigt werden sollen. Personen mit ASS haben oft Schwierigkeiten damit, mehrere Anforderungen zu koordinieren,

Prioritäten zu setzen und sie zeitlich in eine sinnvolle Reihenfolge zu bringen. Da helfen »To-Do-Listen« und ähnliche Systematiken, um die Aufträge, die zu erledigen sind, zu organisieren. Der Begriff »To-Do-Liste« ist dabei sehr weit gefasst und bezieht sich keineswegs nur auf listenartige Pläne, wie aus den nachstehenden Beispielen deutlich wird.

Zunächst einmal liegt es nahe, diese Hilfen in ausgewiesenen Arbeitssituationen einzusetzen (z. B. für Arbeitsaufträge im beruflichen Umfeld, für Hausaufgaben oder wenn etwas in der Schule selbstständig erarbeitet werden soll). To-Do-Listen und deren Varianten sind jedoch in vielen Alltagssituationen von Nutzen: Sie können beispielsweise darüber informieren, welche »Aufgaben« im Bad zu erledigen sind (1. Duschen, 2. Zähneputzen, 3. Toilettengang), welche Übungen im Rahmen der Sportstunde absolviert werden sollen (1. Balancieren, 2. Ball werfen, 3. Trampolin) oder was in der Küche ansteht (1. Abspülen und 2. Salat waschen). Das heißt, die nachfolgenden Hilfen und Strategien sind geeignet, wenn es darum geht, mehrere Tätigkeiten innerhalb einer übergeordneten Aktivität zu organisieren. Sie beantworten die folgenden Fragen:

a) Was ist zu tun?

(→ Information über die konkreten Arbeitsaufträge)

b) Wie viel ist zu tun?

(→ Überblick über die Menge der anstehenden Aufgaben/das Pensum)

c) Wann bin ich fertig?

(→ Kenntlichmachen des Fortschritts im Arbeitsverlauf)

d) Was kommt danach? (→ Motivation/Arbeitsanreiz)

Das Ziel besteht darin, eine grundsätzliche Systematik zu vermitteln, mit deren Hilfe die Person mit ASS mehrere Aufträge koordinieren und erledigen kann. Daher sollten Formate von

To-Do-Listen nicht nur in »Arbeitssituationen« Verwendung finden, auch wenn man sie hier am leichtesten einüben kann. Hat eine Person ein System verstanden, kann es überall dort effektiv eingesetzt werden, wo von ihr erwartet wird, dass sie selbstständig tätig wird.

### Der »Haufen«

Die zu erledigenden Aufgaben (bzw. Materialien, die auf die Aktivitäten hinweisen) sind auf einem ausgewiesenen Platz. Wenn die betreffende Person zu diesem Platz kommt, sieht sie sofort, was zu tun ist (das, was dort liegt), und bekommt einen Eindruck davon, wie viel es ist. Sie nimmt sich das Material, erledigt die Aufgabe und holt sich, wenn sie beendet ist, das nächste Material. So kann sie sehen, wie die Arbeit auf dem Platz immer weniger wird. Als Hinweis, was sie nach der Arbeit erwartet, dient ein Kissen in Sichtweite: Nach Erledigung der Aufgaben darf sie auf dem Wasserbett ausruhen. Bei diesem sehr einfachen System wird keine Reihenfolge vorgegeben, in der die Aufträge ausgeführt werden sollen. Das Material wird bei der Tätigkeit verbraucht oder am Ende an einen bestimmten Ort geräumt (▶ Abb. 4.4.1).

### »Links nach rechts mit Fertigkorb«

Auch hier wird durch die Anordnung des Materials jede der obengenannten Fragen beantwortet. Was zu tun ist, steht *links* vom Tisch. Mit einem Blick lässt sich erfassen, *wie viele* Tätigkeiten bevorstehen. Das Material wird auf dem Tisch (Arbeitsfläche) benutzt. Wenn eine Aufgabe beendet ist, wird das Material *rechts* in den »Fertigkorb« geräumt. Damit verschwindet es sichtbar von der Arbeitsfläche und es ist Platz für die nächste Aufgabe. So leert sich nach und nach der Platz links vom Tisch; fertig ist man, wenn links nichts mehr steht und alles Material im Fertigkorb liegt. Dann kann man sich die Schachtel nehmen, die

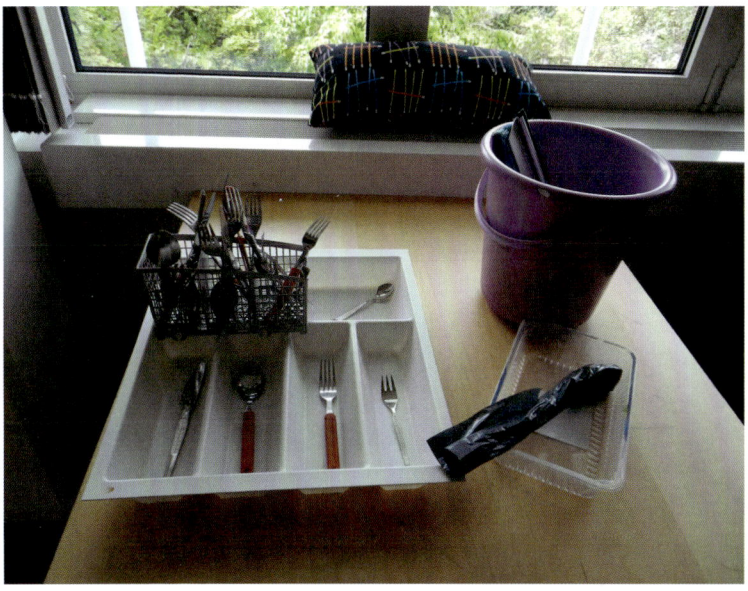

**Abb. 4.4.1:** Der »Haufen«

rechts auf dem Tisch steht. Darin ist eine Überraschung, die man am Ende der Arbeitszeit bekommt (▶ Abb. 4.4.2).

Gegenständliche Arbeitssysteme werden in der Förderung häufig angebahnt und beinhalten motivierende Aktivitäten oder Übungsaufgaben zur Festigung von Kompetenzen, die in der Einzelförderung gelernt wurden. Ist das System »Links nach rechts mit Fertigkorb« aber einmal verstanden und wird es selbstständig umgesetzt, lässt es sich in vielfältigen Alltagssituationen sinnvoll einsetzen (z. B. in der Küche, ▶ Abb. 4.4.3).

### Das mobile »Aufgabenregal«

In dem Regal stehen die Materialien für alle Tätigkeiten, die für die anstehende Aktivität zu erledigen sind. Mit einem Blick ist

85

**Abb. 4.4.2:** »Links nach rechts mit Fertigkorb«: Übungssituation am Tisch zur selbstständigen Durchführung eines Aufgabenpensums.

klar, was zu tun ist: die Tätigkeiten, die mit den Gegenständen im Regal ausgeführt werden. Die Anordnung von oben nach unten gibt zudem die Reihenfolge vor. Im untersten Fach befindet sich eine Tasse als Hinweis darauf, dass es nach Erledigung des Pensums eine Pause mit Kakao gibt (▶ Abb. 4.4.4). Anstelle der kompletten Materialien für eine Tätigkeit können in den Fächern auch hinweisende Gegenstände liegen (Beispiel Gartenarbeit: Gartenhandschuhe → Holz stapeln, Eimer → Unkraut jäten, Handschaufel → Töpfe mit Erde befüllen).

**»Symbolisches Arbeitssystem«**
Auf einem Plan befinden sich Karten mit bestimmten Symbolen (hier: Formen). Dieselben Symbole finden sich auch an den

**Abb. 4.4.3:** »Links nach rechts mit Fertigkorb« im Alltag: Aufgaben in der Küche.

Behältern im Regal, die jeweils die Materialien für eine Aufgabe enthalten. Der Nutzer des Systems nimmt die erste Karte vom Plan und ordnet sie der entsprechenden Kiste im Regal zu. Er holt sich die Aufgabenkiste und bearbeitet sie. Nach Fertigstellung der Aufgabe räumt er das Material weg (z. B. in einen »Fertigkorb« oder an einen anderen, vorher festgelegten Ort). Dann schaut er auf den Plan, nimmt die nächste Karte und holt die bezeichnete Aufgabe. So erledigt er selbstständig eine vorgegebene Reihenfolge von Tätigkeiten. Als letztes befindet sich auf dem Plan der Hinweis auf das, was kommt, wenn alle Aufgaben erledigt sind. (▶ Abb. 4.4.5)

**Abb. 4.4.4:** Das mobile »Aufgabenregal«

Die Arbeitsaufträge oder Tätigkeiten selbst können von Mal zu Mal und abhängig vom Kontext wechseln (Inhalt der Kisten); das System (bezeichnete Kisten holen) bleibt dasselbe. So gibt es Sicherheit durch Routine und ermöglicht zugleich Flexibilität in Bezug auf die anstehenden Tätigkeiten. Nachdem jemand am Tisch gelernt hat, seine Aufgaben anhand eines symbolischen Arbeitssystems systematisch zu erledigen, lässt sich dasselbe System überall im Alltag integrieren.

Ein Beispiel für ein »Symbolisches Arbeitssystem« in der Hausarbeit: Hier wird es genutzt, um darüber zu informieren, was heute im Haushalt zu tun ist. Die konkreten Arbeitsaufträge werden durch den Inhalt der Körbe deutlich. Teilweise spricht das Material für sich (z. B. Mülltüten zum Bestücken von

**Abb. 4.4.5:** »Symbolisches Arbeitssystem« mit Formen im Rahmen der Förderung am Tisch

Abfalleimern mit Tüten); teilweise finden sich ergänzend visuelle Instruktionen im Korb (z. B. neben Lappen und Sprühflasche auch die Karten »1«, »2« und »5«, um die Tische zu bezeichnen, die abgewischt werden sollen) (▶ Abb. 4.4.6).

In Abb. 4.4.7 wurden die Bilder von Nutzfahrzeugen als Symbole verwendet, um das Interesse des Nutzers aufzugreifen und die Motivation für den Umgang mit diesem System zu erhöhen. Hier sind auch nicht die Behälter mit den Materialien für die Aufgaben gekennzeichnet, sondern der jeweilige Platz im Regal (▶ Abb. 4.4.7).

**Abb. 4.4.6:** »Symbolisches Arbeitssystem« mit Formen im Alltag in der Küche

### Der »Bilderplan«

Bei dieser Variante verweisen konkrete Abbildungen direkt auf die zu erledigenden Tätigkeiten. Der Arbeitsauftrag lässt sich aus dem Bild ablesen. Je nach individuellem Bedarf sind die Materialien für die Tätigkeiten bereits vorbereitet oder müssen selbstständig zusammengestellt werden. Hier wird ein Auftrag als erledigt markiert, indem die entsprechende Bildkarte vom Plan genommen und umgedreht wieder befestigt wird. Als motivierendes Element befindet sich auf der Rückseite jeder Karte eine Comicfigur (Lieblingscomic des Nutzers) (▶ Abb. 4.4.8).

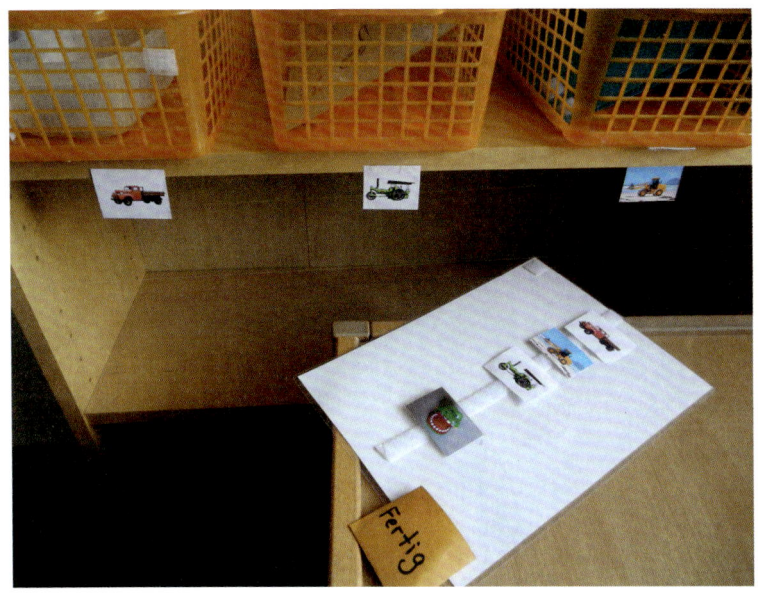

**Abb. 4.4.7:** »Symbolisches Arbeitssystem« mit motivierenden Bildern

**Abb. 4.4.8:** Ein »Bilderplan«

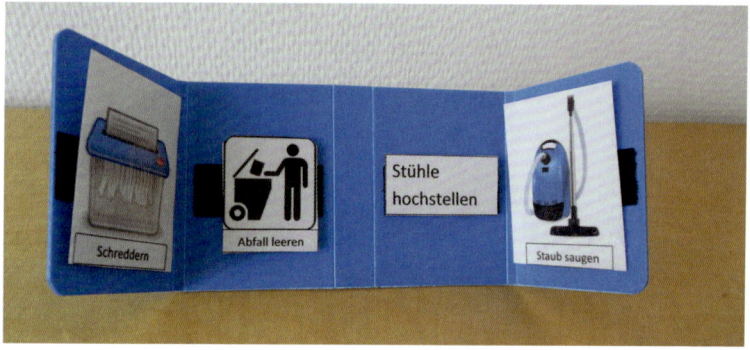

**Abb. 4.4.9:** Mobile, faltbare »To-do-Liste«

## Mobile, faltbare To-Do-Liste

Die Arbeitsaufträge auf dieser mobilen und faltbaren To-Do-Liste werden teils schriftlich, teils aber auch in Form von Bildern mitgeteilt. Es kommt nicht darauf an, dass alles auf demselben Abstraktionsniveau abgebildet ist, sondern dass die Hinweise vom Nutzer leicht gelesen und schnell umgesetzt werden können (▶ Abb. 4.4.9).

## Klassische To-Do-Liste

Schriftlich sind untereinander die anstehenden Tätigkeiten aufgelistet. Was erledigt ist, wird abgehakt. So lässt sich der Fortschritt deutlich erkennen und das Ende absehen (▶ Abb. 4.4.10).

## To-Do-Liste für eine Partneraktivität

Zunächst müssen sich die beiden Partner ihre Aufgaben untereinander aufteilen; danach kann jeder auf der Liste abhaken, was er bereits erledigt hat (▶ Abb. 4.4.11).

**Abb. 4.4.10:** Klassische To-do-Liste

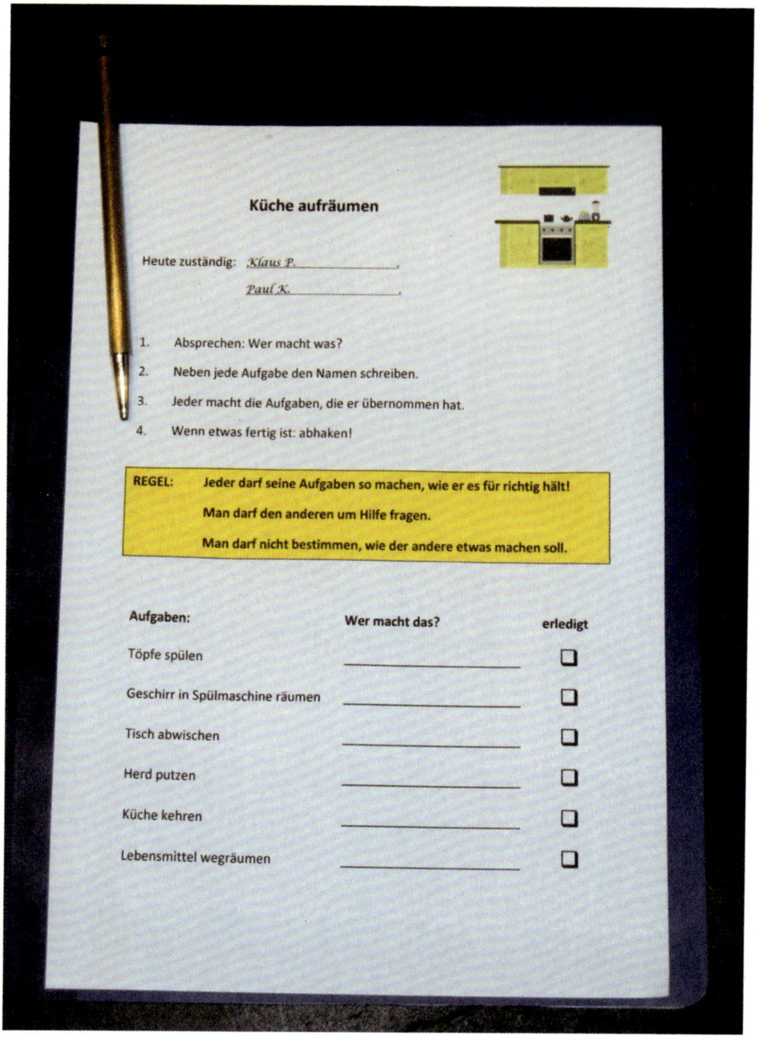

**Küche aufräumen**

Heute zuständig:  *Klaus P.*              ,

                         *Paul K.*              ,

1. Absprechen: Wer macht was?
2. Neben jede Aufgabe den Namen schreiben.
3. Jeder macht die Aufgaben, die er übernommen hat.
4. Wenn etwas fertig ist: abhaken!

**REGEL:** Jeder darf seine Aufgaben so machen, wie er es für richtig hält!

Man darf den anderen um Hilfe fragen.

Man darf nicht bestimmen, wie der andere etwas machen soll.

| Aufgaben: | Wer macht das? | erledigt |
|---|---|---|
| Töpfe spülen | | ☐ |
| Geschirr in Spülmaschine räumen | | ☐ |
| Tisch abwischen | | ☐ |
| Herd putzen | | ☐ |
| Küche kehren | | ☐ |
| Lebensmittel wegräumen | | ☐ |

**Abb. 4.4.11:** To-do-Liste für Partneraktivität

## 4.5    Lass mich sehen: Wie soll ich das tun?

Sich zur richtigen Zeit am richtigen Ort einzufinden und zu wissen, was man dort tun soll, ist eine Sache, die Tätigkeit an sich dann auch durchzuführen, eine andere. Oft sind konkrete Informationen vonnöten, die einem sagen, wie etwas zu machen ist. Solche Instruktionen können ebenfalls visuell vermittelt werden. Sie umfassen Informationen über den Ablauf von Handlungsschritten bei einer Tätigkeit, Hinweise zu einzelnen Aspekten der Aktivität oder auf Verhaltensweisen, die zu einem gegebenen Zeitpunkt erwartet werden.

**Abb. 4.5.1:** Anhand konkreter Gegenstände werden die einzelnen Handlungsschritte beim Duschen abgebildet: Erst das Gesicht waschen (Waschlappen, Gesichtsseife), dann den Körper (anderer Waschlappen, Duschgel) und danach die Haare (Shampoo).

**Abb. 4.5.2:** Dieser mobile Instruktionsplan mit Fotos zeigt, was man in welcher Reihenfolge tun muss, um am Geldautomaten mit einer Scheckkarte Bargeld abzuheben.

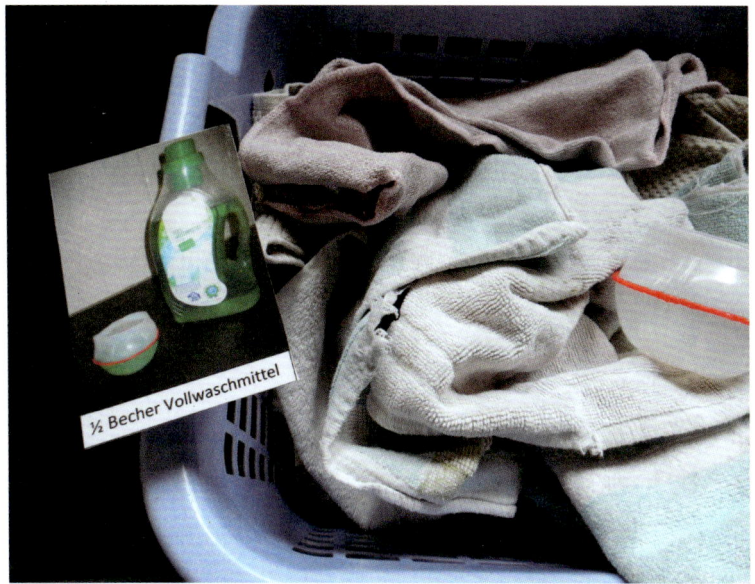

**Abb. 4.5.3:** Der bildliche Hinweis am Wäschekorb zeigt an, mit welchem Waschmittel und in welcher Dosierung diese Ladung Wäsche gewaschen werden soll. Der Betreffende kann nun die Waschmaschine selbstständig befüllen.

**Abb. 4.5.4:** Dieses Ringbuch zeigt eine Kochanleitung für ein Nudelgericht. Die Hinweise beziehen sich auf die benötigten Dinge und Zutaten sowie darauf, wie man sie verwendet. Da die Person nicht mit einer längeren Liste umgehen kann, wird pro Seite nur ein Handlungsschritt abgebildet – dann heißt es umblättern und sehen, was als nächstes zu tun ist.

**Abb. 4.5.5:** Die Fähnchen markieren, welche Pflanzen gegossen werden sollen; die Hinweise am Blumentopf geben an, wie viel Wasser die jeweilige Pflanze braucht. Nach dem Gießen wird das Fähnchen entfernt, so dass kein Topf mehrfach gewässert wird.

**Abb. 4.5.6:** Hier wird mit konkreten Gegenständen gezeigt, wie viele Löffel Kaffee in den Filter gegeben werden sollen. An der Kaffeedose befindet sich die entsprechende Anzahl an Löffeln. Die Person nimmt einen Löffel ab, füllt damit Kaffeepulver in den Filter, legt ihn in den »Fertig-Behälter« und holt sich den nächsten Löffel.

**Abb. 4.5.7:** Auch diese Zählhilfe gibt an, wie viele Löffel Kaffee in den Filter gegeben werden sollen: Nach jedem Löffel entfernt der Betreffende ein Löffel-Bild und legt es in der Schachtel ab.

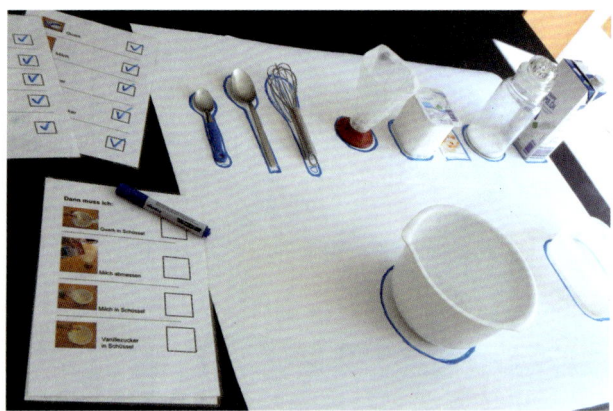

**Abb. 4.5.8:** Mit dieser Schablone kann die Person die Materialien für die Herstellung einer Quarkspeise selbst zusammenstellen: Wenn alle Markierungen belegt sind, hat sie alles, was sie braucht. Sollte die Tätigkeit an sich nicht routiniert erfolgen, kann ein entsprechend gestaltetes Rezept zur Verfügung gestellt werden.

**Abb. 4.5.9:** Hinweise können einzeln (Instruktionskarten) oder als Abfolge von Handlungsschritten verwendet werden (Instruktionsplan). Hier sind Hinweise auf das, was der Schüler *tun* soll, farblich unterschieden von denen, die zeigen, was er *sagen* soll. Diese Idee stammt von Bloomfield & Rayan (2012) und ist besonders hilfreich, wenn es um verbale Äußerungen im Unterschied zu nonverbalen Signalen geht.

**Abb. 4.5.10:** Power Cards (Gagnon, 2001, 2016) sind visuelle Strategien, die positives Verhalten unterstützen können. Auf der Power Card ist die Lieblings-Comicfigur des Schülers abgebildet. Er trägt die Karte stets bei sich und die Figur erinnert ihn an hilfreiche Strategien (z. B. wie man sich beruhigen kann, welche Formulierungen hilfreich sind, welches Verhalten erwartet wird).

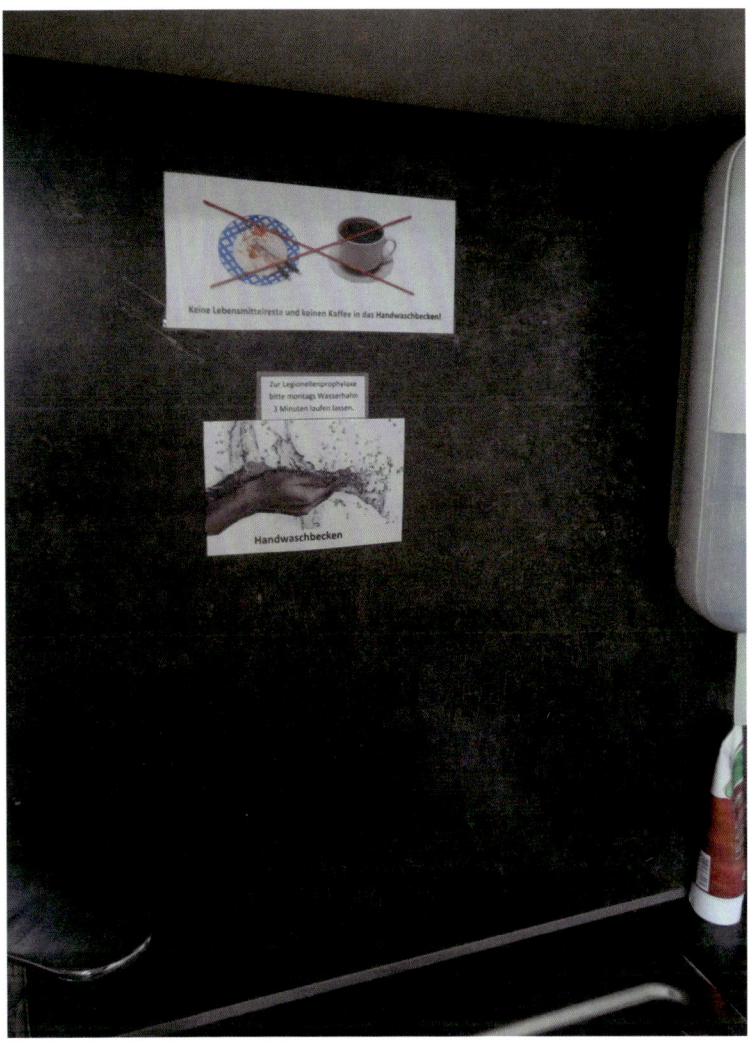

**Abb. 4.5.11:** Auch Hinweise auf Regeln sind Instruktionen: Sie erinnern daran, wie etwas getan werden soll oder was zu unterlassen ist. Hier wird darauf hingewiesen, dass am Handwaschbecken kein Geschirr abgewaschen werden darf.

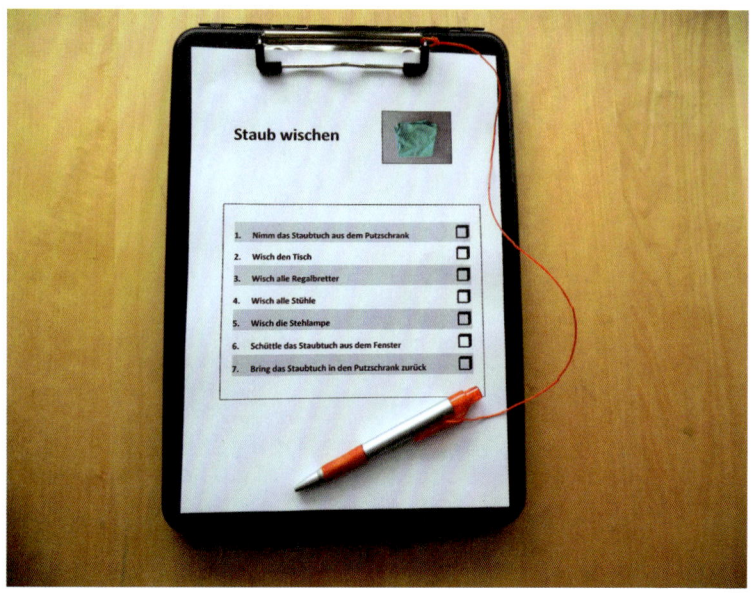

**Abb. 4.5.12:** Instruktionen können natürlich auch schriftlich erfolgen. Dieses Beispiel zeigt eine Anleitung zum Staubwischen in Form einer Checkliste.

## 4.6 Lass mich sehen: Warum?

Visuelle Hilfen zur Orientierung und Organisation sind effektive Formen der Unterstützung, wenn eine Person Schwierigkeiten damit hat, sich zurechtzufinden, sich Dinge zu merken oder das eigene Handeln zu planen. Nicht immer ist dies jedoch der Grund, warum eine Person mit ASS sich nicht auf eine Situation einlässt, etwas anders macht als gedacht oder sich nicht erwartungsgemäß verhält. Es kann auch sein, dass der Betreffende eine Situation anders betrachtet und sich ihm die bestehenden Regeln und Erwartungen nicht erschließen. Oder er erkennt den Zusammenhang zwischen seinem Handeln und den möglichen Folgen nicht. Oder er kann nicht nachvollziehen, warum er etwas Bestimmtes tun oder lassen sollte. In diesen Fällen geht es eher um Motivation und die Frage: Warum soll ich das tun?

Auch die Frage nach dem »Warum?« lässt sich mithilfe visueller Strategien beantworten. Manchmal bedarf es lediglich der Erklärung, *dass* eine bestimmte Regel gilt oder welche Erwartung gestellt wird. Teilweise ist es aber auch hilfreich zu verdeutlichen, *warum* eine Tätigkeit oder ein Verhalten sinnvoll ist. Oft sind die üblichen Anreize wie Lob, soziale Anerkennung, dazugehören, sich nicht blamieren oder dem Anderen eine Freude machen nicht ausreichend. Dann kann es hilfreich sein, andere Motivationen zu schaffen, indem man eine individuelle Belohnung in Aussicht stellt und das erwartungsgemäße Tun mit einer Konsequenz verbindet, die für den Betreffenden tatsächlich wünschenswert und angenehm ist (Verstärker).

Visuelle Strategien, die in diesem Bereich angesiedelt sind, beinhalten unter anderem Social Stories[TM], Verstärkersysteme und sogenannte Kontingenzpläne. Dies sind Werkzeuge, mit denen die unsichtbaren Zusammenhänge zwischen einem Verhalten und seinen Folgen erklärt oder zumindest verdeutlicht werden. Sehr schönes Material zur Erklärung von Alltagssituationen bieten auch die »Sozialen Fotogeschichten« von Jed Baker (2014).

**Social Stories**[TM] (Gray, 2014) sind individuell erstellte kurze Geschichten, die bestimmten Kriterien genügen und eine soziale Situation, ein Ereignis, eine Fähigkeit oder ein Konzept erklären. Der Schwerpunkt der Geschichten liegt auf dem Vermitteln von Informationen, nicht auf Handlungsanweisungen. Social

Stories$^{TM}$ können zum Beispiel näherbringen, warum es sinnvoll ist, sich täglich zu waschen, wieso Menschen einander die Hand geben oder dass es okay ist, eine Pause zu machen, wenn man müde ist. Die Geschichten werden nicht nur gemeinsam gelesen, sondern die Person mit ASS bekommt sie auch in die Hand. Oft werden sie an leicht zugänglichen Orten aufbewahrt, damit man auch kurz vor einer heiklen Situation die wichtigsten Dinge nochmals kurz nachlesen kann.

**Verstärkersysteme** beinhalten Vereinbarungen darüber, was man bekommt (oder eben nicht bekommt), wenn man sich in bestimmter Weise verhält. Die Belohnungen können sofort im Anschluss an ein erwünschtes Verhalten erfolgen (direkte Verstärkung) oder in Form von Stellvertretern (z. B. Pluspunkte, die man sammeln und später für eine Belohnung eintauschen kann). Letzteres nennt man »Tokensystem«.

**Kontingenzpläne** oder auch Konsequenzpläne (Mirenda, 2008) sind Übersichten, die Zusammenhänge zwischen bestimmten Verhaltensweisen und entsprechenden Konsequenzen verdeutlichen. Häufig stellen sie einen »erwünschten« (grünen) Weg und einen »unerwünschten« (roten) Weg einander gegenüber. Daran lässt sich ablesen: Wenn ich den grünen Weg gehe und mich positiv verhalte, führt das zu einer angenehmen Konsequenz. Wenn ich aber den roten Weg einschlage und mich negativ verhalte, wird eine unangenehme Konsequenz erfolgen. Das Wissen um die Zusammenhänge kann die Motivation erhöhen, den »richtigen« Weg einzuschlagen. Vielfältige Beispiele zur Umsetzung dieser Strategien finden sich in »Visuelle Methoden in der Autismus-spezifischen Verhaltenstherapie (AVT)« von Bernard-Opitz (2014).

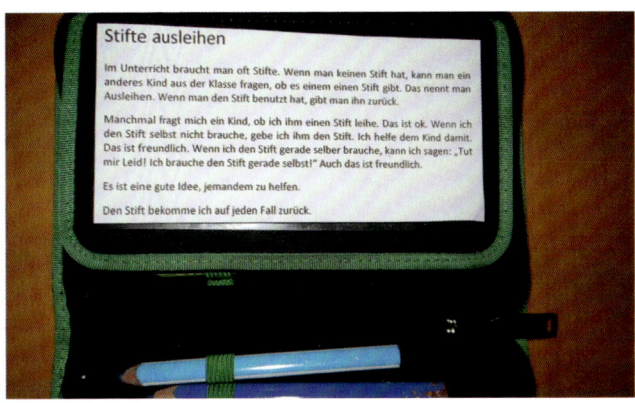

**Abb. 4.6.1:** Eine Social Story™ zum Thema »Stifte ausleihen« im Feder-
mäppchen eines Schülers. Im Sichtfenster für den Stundenplan
ist sie für den schnellen Zugriff gut platziert.

**Abb. 4.6.2:** Kontingenzplan: Wenn ich beim Essen sitzen bleibe, kann ich
nachher das I-Pad bekommen. Wenn ich während des Essens
herumlaufe, gibt es kein I-Pad, sondern Aufgaben. Diese
Information liegt neben dem Essplatz auf dem Tisch, damit
sie stets im Blick ist.

107

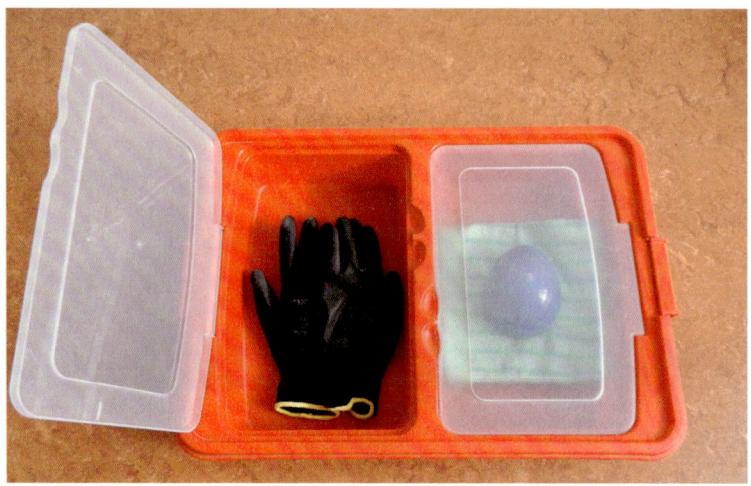

**Abb. 4.6.3:** Dieses Belohnungssystem besteht aus Gegenständen, die in entsprechender Weise angeordnet sind: Wenn die Person mit ASS beim Arbeiten ihre Handschuhe anzieht, bekommt sie nachher den Gegenstand aus dem noch verschlossenen Fach, den sie aber durch den Deckel schon sehen kann.

**Abb. 4.6.4:** Eine »Wenn – Dann«-Karte stellt vor Augen, was man bekommt, wenn man sich in der geforderten Weise verhält. Hier lässt sich ablesen: Wenn ich mir die Zähne putzen lasse, liest Mama mir ein Buch vor.

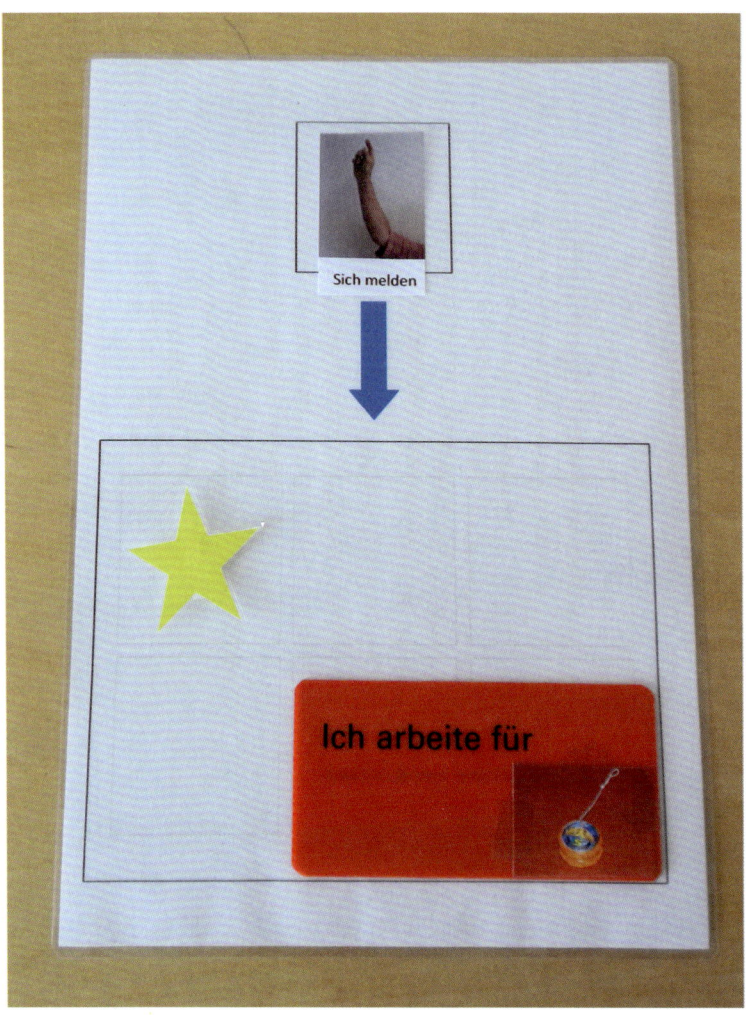

**Abb. 4.6.5:** Bei diesem Tokensystem erhält der Schüler für jede Wortmel-
dung im Unterricht einen Stern. Wenn er alle Felder auf der Karte
gefüllt hat, kann er diese für ein Jo-Jo eintauschen. (Die
Belohnung, für die er sich anstrengen möchte, hat er sich im
Vorfeld selbst ausgesucht.)

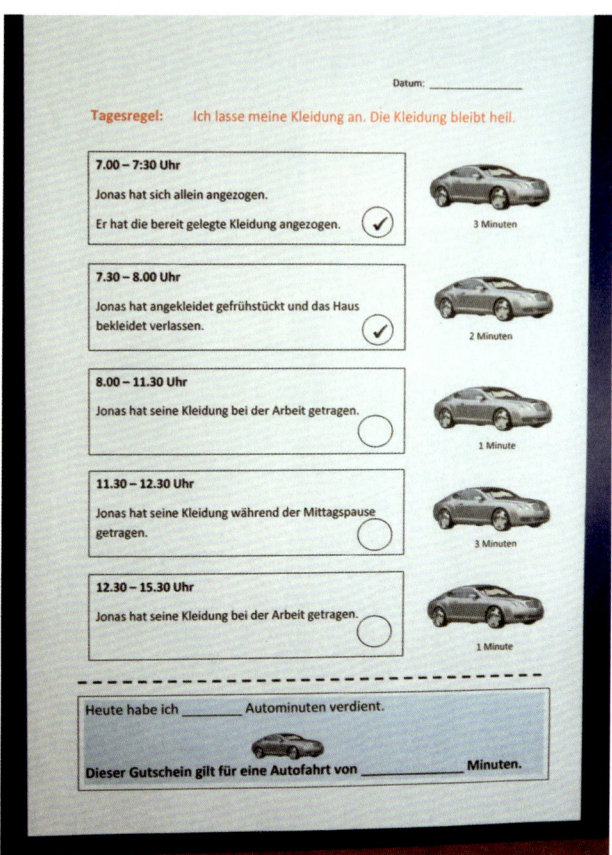

**Abb. 4.6.6:** Dieses Verstärkersystem soll die Person mit ASS darin unterstützen, eine bestimmte Regel den ganzen Tag über einzuhalten. Der Tag ist in Zeitabschnitte gegliedert, in denen Pluspunkte wie z. B. »Autominuten« gesammelt werden können. Die Zeitabschnitte sind unterschiedlich lang, sodass sich die Anforderung dosieren lässt. Zudem kann man besonders schwierige Situationen stärker belohnen. Am Abend werden die gesammelten Autominuten zusammengezählt. Die Person kann sofort eine kurze Autofahrt bekommen oder später mehrere Gutscheine für eine längere Autofahrt eintauschen.

# 5 Flexibel unterwegs: Praktische Kommunikationshilfen für Bezugspersonen

Die Bereitstellung geeigneter Hilfen im Alltag unterstützt die Selbstständigkeit der Person mit ASS. Oft geht es dabei auch darum, das Umfeld etwas umzugestalten und die Gegenstände »für sich sprechen zu lassen«. Wenn das Kind etwas allein tun soll, ist es gut, wenn alles nach Möglichkeit so gestaltet ist, dass es ohne das Eingreifen der Bezugsperson zurechtkommt.

Nun besteht der Alltag aber keineswegs nur aus Situationen, die möglichst selbstständig zu bewältigen sind. Auch sehr selbstständige Personen verbringen viel Zeit mit anderen Menschen. Dann sind Kommunikation und Interaktion die großen Herausforderungen! Damit Kommunikation gelingen kann, ist es von großer Bedeutung, dass auch die Bezugspersonen ihren Kommunikationsstil anpassen.

Diese Grundhaltung spiegelt sich in herausragender Weise im »Kommunikationsvertrag« wider, der von Catherine Faherty (2013) entwickelt wurde. Hierbei geht es darum, dass *beide* Kommunikationspartner über die Besonderheiten des jeweils anderen Kommunikationsstils ihres Gegenübers informiert werden, diesen respektieren und sich entsprechend darauf einstellen. Der Kommunikationsvertrag wird zwischen einer Person mit Asperger-Autismus und ihrer neurotypischen Bezugspersonen geschlossen. Er beinhaltet zum Beispiel, dass die Person ohne ASS sich verpflichtet, ihrem Gesprächspartner mit ASS ausreichend Zeit zum Antworten zu geben und auch geeignete (visuelle) Kommunikationsstrategien zur Verfügung zu stellen. Andersherum verpflichtet sich die Person mit ASS unter anderem, nach der Meinung (Perspektive) des Gegenübers zu fragen und diese gleichberechtigt stehen zu lassen. Doch auch wenn eine Person mit ASS nicht in der Lage ist, einen solchen Vertrag zu verstehen und einzugehen, bleibt der Anspruch an die Bezugspersonen bestehen, ihre eigene Form der Kommunikation anzupassen und geeignete Kommunikationsmittel bereitzuhalten.

An dieser Stelle geht es nicht um bestimmte Inhalte und Arten von Informationen. Vielmehr geht es darum, flexible *Formate* zu entwickeln, die praktikabel und für den mobilen Einsatz geeignet sind. Denn Kommunikation passiert spontan und überall, nicht nur in vorbereiteten Situationen! Da bedarf es praktischer Kommunikationshilfen für die Handtasche, den Rucksack oder die Hosentasche der Bezugsperson. Wenn das Gegenüber visuelle Informationen leichter verstehen und verarbeiten kann, sollte man stets gewappnet sein, die verbale Kommunikation auch visuell zu unterstützen! Hierfür braucht es nicht immer aufwändig erstellte Hilfen; oft lassen sich Verständnishilfen improvisieren – vorausgesetzt, es sind ein paar grundlegende Materialien griffbereit.

## Visueller Count-Down

Der *visuelle Count-Down* besteht aus einem Pappstreifen und mehreren Plättchen, die mit Klett darauf befestigt sind. Auf der Rückseite befindet sich ebenfalls ein Klettstreifen. Der Count-Down lässt sich einsetzen, um einen Zeitraum zu definieren und deutlich zu machen, wie lange etwas noch dauert. Die Menge der Plättchen zeigt an:»So lange noch!« Nach und nach nimmt die Bezugsperson ein Plättchen ab (von oben nach unten) und befestigt es nicht sichtbar auf der Rückseite. So wird die Menge der Zeit (Anzahl der Plättchen) immer weniger und die Person mit ASS erkennt:»Wenn das letzte Plättchen weg ist, ist die Zeit vorbei!« Auf der Rückseite füllt sich der Streifen und steht somit gleich wieder für den nächsten Einsatz bereit (▶ Abb. 5.1). Der Count-Down lässt sich für viele weitere Anwendungen nutzen: »So viele Personen sind noch vor dir an der Reihe!« »So viele physiotherapeutische Übungen musst du noch machen!« »So oft sollst du dich im Unterricht noch melden!« usw. Er lässt sich auch mit einem Streifen Papier und Büroklammern, die daran befestigt werden, improvisieren.

## Instruktionsbuch

Anstelle einzelner Instruktionskarten kann es hilfreich sein, ein *Instruktionsbuch* mit den gängigen Hinweisen zu erstellen. Eine praktische Größe für die Tasche zum Mitnehmen hat ein Einsteckbuch für Visitenkarten, das mit Instruktionskarten oder anderen Hinweisen bestückt werden kann. (Auch geeignet als mobiler Ablaufplan zum Umklappen!) (▶ Abb. 5.2).

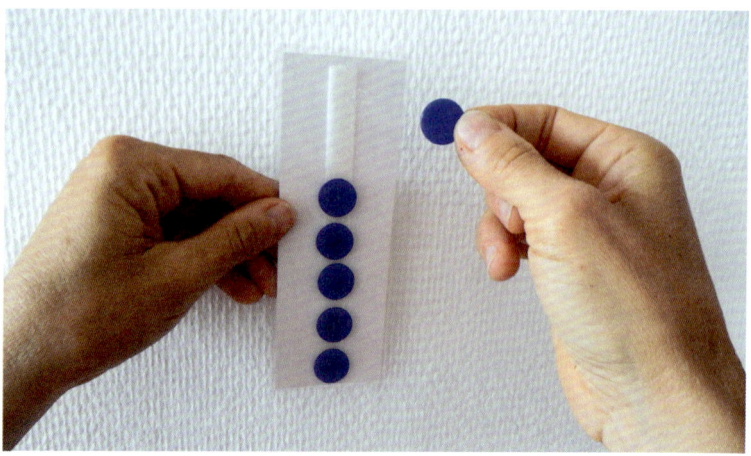

**Abb. 5.1:** Ein visueller Count-Down

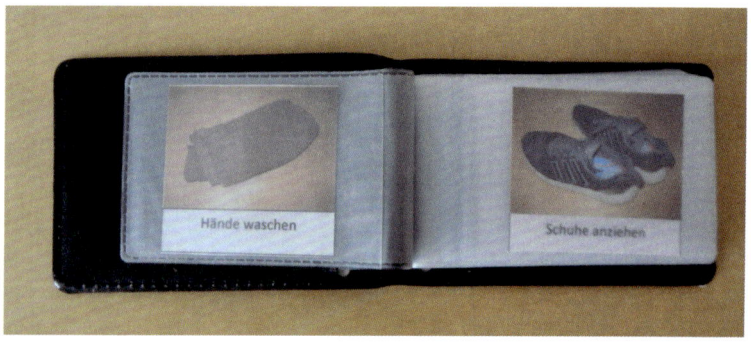

**Abb. 5.2:** Ein Instruktionsbuch

## Laminierte Skala

Eine *laminierte Skala* mit Platzhaltern für die Frage und die Ankerpunkte ist hilfreich, wenn die Person mit ASS Bewertungen anhand einer Skala verstehen kann. Mit einem Folienstift lässt sich die Skala an flexible Inhalte anpassen, über die man kommunizieren möchte (Bewertung, Befinden, Lautstärke...) (▶ Abb. 5.3).

**Abb. 5.3:** Laminierte Skala mit Platzhaltern

### Weitere nützliche Utensilien für unterwegs

Einfache *Wäscheklammern* sind vielseitig einsetzbar: Mit ihnen lassen sich Orte leicht und flexibel markieren (Wo gehört etwas hin?/Wo soll ich etwas tun?). Man kann sie nutzen, um bestimmte Dinge zu kennzeichnen (z. B. welche Schuhe soll ich anziehen?). Sehr schnell lässt sich mit ihnen aber auch ein visueller Countdown gestalten: Fünf Klammern am Jackenärmel, die nach und nach entfernt werden, zeigen an, wie lange es noch dauert, bis der Spaziergang endlich losgeht.

Auch *Krepp-Klebeband* ist ein vielseitig nutzbares Material, das man dabeihaben sollte. Mit ihm lassen sich räumliche Grenzen spontan markieren oder auch ablenkende Informationen schnell abdecken. Müssen Informationen an einem Plan plötzlich verändert und angepasst werden, kann man die veraltete Information überkleben und auf das Klebeband den aktuellen Hinweis malen oder schreiben.

Mit einem *Haftnotizblock und Stift* ist man stets gut ausgerüstet, um Plätze zu markieren oder visuelle Instruktionen spontan zu erstellen und an entsprechenden Orten anzubringen. Auch Ablaufpläne lassen sich schnell improvisieren – ganz ohne Klett und laminierte Karten und dennoch in einem Format, bei dem sich die einzelnen Hinweise nacheinander abnehmen lassen.

*Papier und Stift* sollten grundsätzlich zur Verfügung stehen. Nicht nur ist dies das Rohmaterial für bildliche und schriftliche Hinweise. Wer mit Schreibzeug ausgerüstet ist, kann auch im Gespräch mit verbal sehr fähigen Personen begleitend wichtige Informationen notieren und wesentliche Aussagen hervorheben. Über schriftliche Kommunikation lassen sich manchmal Informationen leichter austauschen. Mit Hilfe von Stift und Papier wird es auch möglich, Informationen noch in einem anderen Format als über direkte Fragen zu erheben: So kann man Satzanfänge formulieren, die der Gesprächspartner vervollständigen soll, oder man gibt mehrere Aussagen zur Auswahl, die der Andere ankreuzen soll, wenn sie auf ihn zutreffen. Ein Textmarker ist oft sehr hilfreich, um das Wesentliche hervorzuheben (▶ Abb. 5.4).

**Abb. 5.4:** Nützliche Utensilien für unterwegs

**Weitere Ideen:**

* Mit einem *Schlüsselring* lassen sich bildliche oder schriftliche Hinweise gebündelt aufbewahren. Ist der Ring zudem mit einer Kette am Hosenbund oder Taschenriemen befestigt, lässt er sich stets schnell hervorziehen und ist immer greifbar, wenn man ihn braucht.

* Wenn eine Person mit ASS bildliche Hinweise nutzt und mit Kartenplänen umgeht, bietet es sich an, neben den vorgefertigten Hinweisen auch *laminierte Blankokarten und einen abwaschbaren Folienstift* bei sich zu haben. So lassen sich schnell aktuelle Hinweise erstellen und neue Informationen in einem bekannten Format vermitteln. Eine

größere weiße Karte oder ein kleines White Board kann wie eine Tafel benutzt werden, um Hinweise aufzumalen oder aufzuschreiben.

* Ein markanter *Beutel* lässt sich unterwegs gut als mobiles Format des »Fertig-Korbs« einsetzen: Wenn die Bezugsperson den Beutel geöffnet anbietet, ist es an der Zeit, eine Aktivität zu beenden und den (Lieblings-) Gegenstand abzulegen.
* Ein *laminierter Pfeil*, der mit einem ablösbaren und wieder verwendbaren Klebepad versehen ist (z. B. UHU patafix), lässt sich flexibel an unterschiedlichsten Materialien befestigen und kann helfen, die Aufmerksamkeit auf das Wesentliche zu lenken.
* Eine kleine *zusammenfaltbare Unterlage* (z. B. ein Stück Antirutschmatte für Schubladen) kann als flexible Ortsmarkierung eingesetzt werden, um die Bedeutung von »Da!« eindeutiger zu kommunizieren: Leg es da hin (= auf die Matte)! Bleib da stehen (= auf der Matte)!

# 6 Literatur

Autism Special Development Center (2017). *Evidence-based practices.* http://autismpdc.fpg.unc.edu/evidence-based-practices (Zugriff 25.7. 2017)

Baker, J. (2014). *Soziale Foto-Geschichten für Kinder mit Autismus: Visuelle Hilfen zur Vermittlung von Spiel, Emotion und Kommunikation.* Stuttgart: Kohlhammer.

Bernard-Opitz, V. (2014) *Visuelle Methoden in der Autismus-spezifischen Verhaltenstherapie (AVT): Das »Cartoon und Skript-Curriculum« zum Training von Sozialverhalten und Kommunikation.* Stuttgart: Kohlhammer.

Bloomfield, B. & Rayan, M. (2012). Icon to I can. Improving the P.A.C.E. of Structured Teaching. Presentation auf der TEACCH International Inservice Conference 2002, Chapel Hill, NC (21. & 22. 5.2002).

Gagnon, E. & Myles Smith, B. (2016). *The Power Card Strategy 2.0.* Lenexa, KS: AAPC Publishing.

Gagnon, E. (2001). *Power cards: Using special interests to motivate children and youth with Asperger syndrome and autism.* Shawnee Mission, KS: Autism Asperger.

119

Gray, C. (2014). *Das neue Social Story*$^{TM}$ *Buch.* St. Gallen, CH: Autismusverlag Schweiz.

Frost, L. & Bondy, A. (2002). *Picture Exchange Communication System Training Manual (2nd ed.)* Newark, DE: Pyramid Educational Products.

Faherty, C. (2013). *Kommunikation ... was bedeutet das für mich?* St. Gallen, CH: Autismusverlag Schweiz.

Hallbauer, A. & Kitzinger, A. (Hrsg.) (2015). *Unterstützt kommunizieren und lernen mit dem iPad.* Karlsruhe: Loeper Literaturverlag.

Häußler, A. (2016). *Der TEACCH* ® *Ansatz zur Förderung von Menschen mit Autismus: Einführung in Theorie und Praxis, 2. verbesserte und erweiterte Auflage.* Dortmund: Borgmann Media.

Häußler, A., Happel, C., Tuckermann, A., Altgassen, M. & Adl-Amini, K. (2016). *SOKO Autismus: Gruppenangebote zur Förderung SOzialer KOmpetenzen bei Menschen mit Autismus. Erfahrungsbericht und Praxishilfen.* 4. Auflage. Dortmund: Borgmann Media.

Häußler, A. & Tuckermann, A. (2011). *Praxis TEACCH: Rund um Haus und Garten.* Dortmund: Borgmann Media.

Häußler, A., Tuckermann, A. & Lausmann, E. (2011). *Praxis TEACCH: Neue Materialien zur Förderung der sozialen Kompetenz.* Dortmund: Borgmann Media.

Loeper Literaturverlag/isaac (Hrsg.) (2017). *Handbuch der Unterstützten Kommunikation - Komplett überarbeitete Neuauflage, inkl. 13. Erg. – Neuauflage.* Karlsruhe: Loeper Literaturverlag.

Mesibov, G.B., Shea, V. & Schopler, E. (2005*). The TEACCH approach to autism spectrum disorders.* New York: Kluwer Academic/Plenum Publishers.

Mirenda, P. (2008). Contingency maps: A visual support strategy for individuals with autism and problem behavior. *Autism News of Orange County & the Rest of the World 4(3),* 17-19.

Müller, M.C. (2008). Wahrnehmung bei Autismus. Stärken, Probleme und Förderung. *Zeitschrift für Heilpädagogik, 10,* 379-389.

Roberts, T.P., Cannon, K.M. et al. (2011). Auditory magnetic mismatch field latency: A biomarker for language impairment in autism. *Biological Psychiatry, 70(3),* 263–269.

Samson, F., Mottron, L., Soulières, I. & Zeffiro, T. A. (2012). Enhanced visual functioning in autism: An ALE meta-analysis. *Human Brain Mapping, 33*, 1553–1581.

Schopler, E. (1997). Implementation of the TEACCH philosophy. In D. Cohen & F. R. Volkmar (Hrsg.), *Handbook of autism and pervasive developmental disorders, 2nd. edition* (S. 767-795). New York: Wiley.

Schopler, E., Mesibov, G.B. & Hearsey, K. (1995). Structured teaching in the TEACCH system. In E. Schopler & G.B. Mesibov (Hrsg.), *Learning and cognition in autism* (S. 243-267). New York: Plenum Press.

Simmons, D.R., Robertson, A.E., McKay, L.S., Toal, E., McAleer, P. & Pollick, F.E. (2009). Vision in autism spectrum disorders. *Vision Research, 49*, 2705–2739.

Tuckermann, A., Häußler, A. & Lausmann, E. (2017). Praxis TEACCH: Herausforderung Regelschule. 3. Auflage. Dortmund: Borgmann Media.

Wendt, O. (2016). *Einsatz alternativer Kommunikationsformen bei Autismus.* Vortrag Bremen, 16.12.2016. http://speakmod.com/wp-content/¬uploads/2016/12/Implementing-AAC-in-Autism-German.pdf.

Williams, D.L., Goldstein, G. & Minshew, N.J. (2006). The profile of memory function in children with autism. *Neuropsychology, 20 (1)*, 21–29.

Vera Bernard-Opitz/Anne Häußler

# Praktische Hilfen für Kinder mit Autismus-Spektrum-Störungen (ASS)

Fördermaterialien für visuell Lernende

*3. Auflage 2017*
*242 Seiten mit 425 Abb.*
*und 284 Tab. Kart.*
*€ 39,–*
*ISBN 978-3-17-032621-7*

Kinder und Jugendliche mit Autismus-Spektrum-Störungen, Lern- und Entwicklungsproblemen benötigen strukturierte Methoden, um wirksam lernen zu können. Visuelle Hilfen sind hierbei von zentraler Bedeutung.

Das Werk bietet anhand zahlreicher Farbfotos eine Vielzahl von praktischen Anregungen, Strategien und Materialien zum Umgang mit Verhaltensproblemen, zur Förderung von Motivation und Arbeitsverhalten sowie zur Entwicklung konkreter Fähigkeiten. Der Leser bekommt Anregungen zum Erstellen der Materialien sowie klare Bezugshinweise.

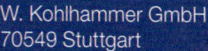

Vera Bernard-Opitz

# Visuelle Methoden in der Autismus-spezifischen Verhaltenstherapie (AVT)

Das „Cartoon und Skript-Curriculum" zum Training von Sozialverhalten und Kommunikation

*2014. 178 Seiten. Inkl. ContentPLUS Kart.*
*€ 49,99*
*ISBN 978-3-17-022312-7*

Das Buch stellt Methoden der Autismus-spezifischen Verhaltens-therapie (AVT) vor. Erprobte Fördermaterialien zur Entwicklung sozialer und kommunikativer Fähigkeiten werden präsentiert und komplexe Langzeitziele dabei in überprüfbare Kurzzeitziele unter-teilt. Da viele Betroffene visuelle Lerner sind, verdeutlicht ein Cartoon und Skript-Curriculum für Autismus (CSA) das konkrete Vorgehen. In mehr als 150 Cartoons wird aufgezeigt, wie man Freunde gewinnt, mit Frustration umgeht und sich in die Perspektive des Anderen versetzt. Auch Flexibilität, Problemlösen und Kommu-nikation werden durch Cartoons, Skripte und Videomodellierung angebahnt. Zahlreiche Fallbeispiele und Anregungen für den Alltag werden gegeben.
ContentPLUS enthält zahlreiche Arbeitsmaterialien.

Leseproben und weitere Informationen unter www.kohlhammer.de

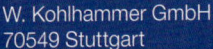

W. Kohlhammer GmbH
70549 Stuttgart